D1877235

Gerhard Vogl · Die ganze Republik ist Bühne

Gerhard Vogl

DIE GANZE REPUBLIK IST BÜHNE

Politiker-Anekdoten
von 1945 bis heute

Mit Karikaturen von IRONIMUS

K&S

Die Liste derer, die mir in fünfundzwanzig Jahren Journalismus die eine oder andere Pointe anvertrauten, ist lang. So kann ich namentlich nur die anführen, die mir für spezielle Recherchen zur Verfügung standen:
Bruno Aigner, Roland Adrowitzer, Gerd Bacher, Friedl Bakalowits, Anton Benya, Kurt Bergmann, Peter Bermann, Erika Bettstein, Karl Blecha, Charles Bohatsch, Winfried Bruckner, Erhard Busek, Josef Cap, Gerold Christian, Herbert Cordt, Hannes Drössler, Gerald Freihofner, Friedhelm Frischenschlager, Wolfgang Fuchs, Hans Himmer, Erwin Hirnschall, Herwig Hösele, Dieter Kindermann, Hans Igler, Herbert Krejci, Johannes Kunz, Gustav Lohrmann, Gottfried Markghott, Horst Friedrich Mayer, Ernst Wolfram Marboe, Beppo Mauhart, Willi Molterer, Helmut Moser, Werner Mück, Heinrich Neisser, Josef Nowak, Heinz Nußbaumer, Peter Pilz, Hans Rauscher, Alfred Reiter, Josef Riegler, Franz Rohrhofer, Hans Werner Scheidl, Wolfgang Schüssel, Martin Stiglmayr, Günther Stummvoll, Kurt Tozzer, Paul Twaroch, Othmar Urban, Herbert Vityska, Hubert Wachter ...

ISBN 3-218-0623-6
Copyright © 1996 by Verlag Kremayr & Scheriau, Wien
Alle Rechte vorbehalten
Schutzumschlaggestaltung: Karl Maier
unter Verwendung einer Karikatur von Erich Sokol
Lektorat: Ilse Walter
Satz & Repro: Zehetner Ges. m. b. H., A-2105 Oberrohrbach
Druck und Bindung: Wiener Verlag, Himberg bei Wien

Gedruckt auf chlorfrei gebleichtem Papier

INHALT

ZUR EINSTIMMUNG

Der Titel dieses Buches mag den Eindruck erwecken, der Autor wolle die Politik zum Possenspiel verkommen lassen. Mitnichten, denn er weiß die Schauspielkunst zu schätzen. Aber auch dort ist der Bogen weit gespannt – vom Burgtheater bis zu den Pradler Ritterspielen.
Es ist kein Zufall der Recherche, daß Bruno Kreisky das umfangreichste Kapitel gewidmet ist. Er hat den Wortwitz als intellektuelle Façon de parler zur Ergötzung seines Publikums wie auch zur verbalen Attacke auf den politischen Gegner eingesetzt. Bei ihm (und wenig anderen Persönlichkeiten) spiegelt die Anekdote politisches Credo und scharfzüngige Analyse wider. Der Rest kann da nicht mithalten oder hat dieses Feld den Sekretären und Werbetextern überlassen.
Mit billigen Scherzen und primitiven Pointen fand man auf den folgenden Seiten nicht Eingang, außer man war das Opfer und wußte nicht angemessen zu reagieren.
Natürlich liest sich manche Anekdote auf Papier gedruckt hart bis verletzend. Doch Politik, das mußte ich bei den Recherchen erfahren, ist oft weit härter als ich sie hier beschreiben konnte.
Noch ein Satz: Anekdoten sind übermittelte Erzählungen, die auch wahr sein könnten. Fast immer sind sie wahr.

Wien, im Juli 1996 *Gerhard Vogl*

DIE HERREN DER HOFBURG

Der erste, Dr. Karl Renner, sah wie ein kaiserlicher Rat aus, der zweite, der einstige kaiserliche Offizier Theodor Körner, erfüllte mit seiner militärisch straffen Figur und seinem weißen Bart bei manch älterem Wähler wehmütige Erinnerungen an „unseren" Kaiser Franz Joseph. Sie waren also bürgerliche Ersatzkaiser. Und selbst der sozialistische Berufspolitiker Jonas hieß mit Vornamen Franz und Josef.
Noch sind es ausschließlich Herren, die in der Hofburg regieren, aber immer stärker spielt auch das weibliche Element eine Rolle, zumindest in Privatangelegenheiten, die ja bei einem Bundespräsidenten zur Staatsaffäre werden können.

WICHTIGE DAME

Rom, Oktober 1994, mehr als ein Jahr nach der Trennung des Ehepaares Klestil. Der Bundespräsident besucht Italien und den Vatikan. Einer der vielen Termine im dichten Programm: ein Empfang in der österreichischen Botschaft beim Vatikan. Unter den Gästen auch eine Dame, so um die Fünfzig, die Dr. Klestil kennenlernen will und deshalb Chefredakteur Hans Rauscher vom „Kurier" anspricht. Der, wie immer neugierig, will zuerst wissen, wie es denn eine Frau in diese Männerrunde verschlagen hat. Bereitwillig gibt sie Auskunft: Sie sei Rechtsanwältin bei der Sacra Rota, zuständig für Annullierungen von Ehen. Rauscher schmunzelnd: „Das wird den Dr. Klestil sicher interessieren!"

BUM BUM

Das (Hof-)Protokoll, jahrhundertelang gewachsen, ist für den Normalbürger, aber auch die Staatsbürokratie, ein Buch mit sieben Siegeln, vor allem die Frage: Wem steht was zu. Ist das zivile Protokoll schon diffizil genug, kommen beim militärischen Teil noch feine Abstufungen dazu. Zum Beispiel: Ab welcher Rangstufe wird geschossen. (Natürlich nicht mit scharfer Munition, sondern nur mit Kartuschen.) Dieses Privileg steht nur Staatsoberhäuptern, ob gekrönt oder nicht gekrönt, zu.

Nun zu unserem Fall: Staatsbesuch des spanischen Königspaares im Frühjahr 1995. König Juan Carlos und Königin Sophia reisten an einem Sonntag an. Das Verteidigungsministerium in Wien wollte offenbar teure Überstunden sparen, schob die Lärmbelästigung der Bevölkerung am Schwechater Flughafen vor, um nicht am Sonntag ausrücken zu müssen. So mußte der König ohne Salutschüsse landen.
Dr. Klestil entschuldigte sich für den Fehler des Protokolls und versprach, daß das Militär beim Abflug gestellt sei. Der König nickte und meinte dann süffisant: „With bum bum?"

DER KOFFER

Sie haben ihn sicher schon oft im Fernsehen gesehen – den Mann mit dem schwarzen Aktenkoffer. Er geht immer im gehörigen Respektabstand zum jeweiligen Präsidenten, egal ob Bill Clinton, Jacques Chirac oder Boris Jelzin. In diesem Köfferchen ist der streng geheime Zahlencode, mit dem der Präsident einen atomaren Erst- oder Gegenschlag auslösen kann. Chefredakteur Horst Friedrich Mayer war mit Bundespräsident Dr. Thomas Klestil auf Staatsbesuch im Nahen Osten, als ihm erstmals in der Umgebung Klestils ebenfalls ein Mann mit einem solchen schwarzen Koffer auffiel. Neugierig, wie Journalisten nun einmal sind, fragt er den guten Mann, was da drinnen sei. Der beruft sich auf seine Schweigepflicht. H. F. läßt nicht locker und bohrt bei einer höheren Charge aus dem Klestil-Team. Der gibt endlich freundlich Auskunft: „Da drinnen sind Autogrammfotos des Herrn Bundespräsidenten und Maria-Theresien-Taler, weil die im Nahen Osten sehr beliebt sind."

DRUMMER

Zwei Dingen fühlt sich Thomas Klestil sehr verbunden: seiner Erdberger Abstammung und seinen Jugendfreunden aus diesem Ur-Wiener Milieu. Einer davon ist der weltberühmte Jazzer Joe Zawinul, der dem jungen Klestil auch die Liebe zu dieser Musik vermittelte, speziell zum Schlagzeug.
Kurz nach seiner Wahl zum Bundespräsidenten gastierte der noch berühmtere Lionel Hampton beim Jazz-Festival in der Wiener Staatsoper. Die Herren wurden in der Pause bekannt gemacht und plauderten – natürlich – über Jazz.
Nachher trat Hampton ans Mikrofon und sagte zu aller Überraschung: „The president, a very excellent jazz-drummer. Come to me on the stage." Klestil hilfesuchend zu „Jo" Kunz, ebenfalls Jazz-Fan und Organisator: „Was soll ich machen?" In dem Moment wiederholte Hampton seine Aufforderung. Kunz: „Sag halt, ich hab' schon so lange nicht mehr geübt."

DER FAHRRADSTÄNDER

Kurt Waldheim – auch wenn er's oft bestritten hat – litt natürlich unter der internationalen Isolation, die wieder eine Kälte im innenpolitischen Leben auslöste. Einer der ersten Sozialisten, dem dieser Zustand aufstieß, war natürlich Helmut Zilk. Als er einmal Waldheims nächste Umgebung, Pressesprecher Gerold Christian und den („Flügel") Adjutanten, Divisionär Manfred Mitterbauer, in seinem Stammbeisl, beim Bauer-Gustl traf, war er schnell beim Thema: „Hearts, euer Präsident is einzementiert. Da muaß ma wos machen." – „No, besuchen Sie einmal den Bundespräsidenten", kam's zurück. Zilk: „I kummat ja scho, aber ihr habt's kan Radlständer! Aber i lad eam dafür zum Heurigen ein." Dort wurde eine neue Freundschaft besiegelt und das Du-Wort ausgetauscht. Womit wieder einmal bewiesen ist, wie friedenstiftend der Heurige sein kann.

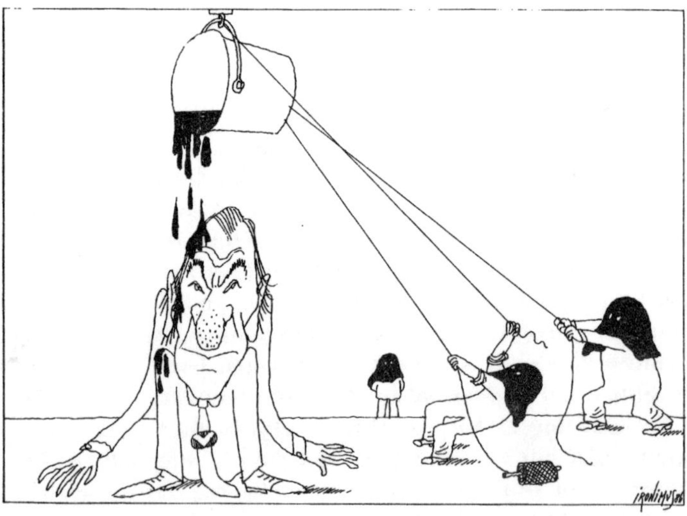

UNSCHLAGBAR

Eigentlich hätten wir uns die ganze leidige Affäre ersparen können, ja wenn ... wenn man, oder besser die SPÖ, auf Bruno Kreisky gehört hätte. Auf die Frage eines Journalisten, wen denn die SPÖ als Kirchschläger-Nachfolger nominieren sollte, meinte Bruno K., damals schon Alt-Kanzler und Ehrenvorsitzender der SPÖ: „Also der Benya, der tät's ja gern' werden, den wählen aber die Jungen net, die Grünen und den kennen s' in den Bundesländern zu wenig." Nachdenkpause. „Des gilt ja auch für den Gratz Poldi. Außerdem, Sie kennen ja dem sein Problem." (Womit er auf dessen Vorliebe für harte Drinks anspielte.) Der Zeitungskollege blieb hartnäckig: „No, und warum kandidieren Sie nicht?" – „Was soll ich denn da machen? Am Vormittag eine Volksschule einweihen, und am Abend einen Gnadenakt unterschreiben." Wieder Nachdenkpause. „Aber der Waldheim, der wäre a Kandidat. Für den gelten alle Slogans, die auch für mich passen: ‚Er kennt die Welt, die Welt kennt ihn.' Und wenn in Österreich einer eine Frau hat, die Sissi heißt, ist er unschlagbar."

DIE VERKLEIDUNG

Es war bereits in der Amtszeit Waldheim. Der thailändische Kronprinz machte seine Aufwartung; der HBP gab zu seinen Ehren ein Mittagessen in der Geheimen Ratsstube. Das ist an und für sich nichts Außergewöhnliches, nur machte folgender Umstand etwas Schwierigkeiten: der Innenhof der Burg war eingerüstet und das Gerüst hätte eigentlich von jedermann erklommen werden können. Dazu kam, daß es sehr heiß war und die Fenster geöffnet werden mußten. Dementsprechend nervös waren die Staatspolizisten.
Man saß gerade bei der Suppe, als zwei in einen orangefarbenen Overall gekleidete, den Schnauzbärten nach bosnische oder mazedonische Bauarbeiter neugierig beim Fenster hereinlugten. Die Beamten wurden blaß. Der Schweiß trat ihnen auf die Stirn.

Da beugte sich der Sicherheitsschef des thailändischen Kronprinzen zu Professor Heinz Nußbaumer, dem Pressechef Waldheims. Dem schwante Böses. Doch die Antwort machte ihn restlos perplex: „Großartig, großartig, beste Sicherheitsverkleidung, die ich je gesehen habe. Müssen wir auch einführen!"

PATER RUDOLF

Der mahnende Inhalt und der pastorale Ton seiner Reden trugen Kirchschläger bald den – wenn man bei einem Bundespräsidenten so ein Wort überhaupt verwenden darf –

Spitznamen „Pater Rudolf" ein. In die Amtszeit des bekennenden Katholiken Kirchschläger fiel der heftige Konflikt der katholischen Kirche mit der Regierung Kreisky in der Abtreibungsfrage. Während Kirchschläger über saure Wiesen moralisierte, die es gelte trockenzulegen, nahm Kardinal König gegen die Fristenregelung, wie sie Justizminister Christian Broda vorschlug, überaus heftig Stellung. Ein deutscher Kommentator nahm dies zum Anlaß, folgendes Bild von Österreich zu zeichnen: „Ein Land, in dem der Bundespräsident predigt und der Kardinal politisiert."

DER STUHL

Die Österreicher haben nach 1945 ihre Bundespräsidenten – zumindest bis Kurt Waldheim – als eine Art Ersatzkaiser gesehen. Und was fragt man einen solchen „k.u.k. Republikaner", wenn man ihn den Lesern vorstellen will?
Na, zum Beispiel, wie er mit dem monarchischen Glanz in der Hofburg zurechtkommt? Darauf Rudolf Kirchschläger zu Dieter Kindermann in der „Krone": „Ich hab' unter dieser Tradition nie gelitten, da ich ja aus Oberösterreich stamme. Da sind schon in der Schule die Bauernkriege wichtiger als der Hof in Wien gewesen . . ." Und nach einer kurzen Nachdenkpause: „Ich erschauere auch nicht, wenn ich auf des Kaisers Stuhl gehe!"

BÜRGERLICH

Die folgende Schnurre spielt zwar noch in der Amtszeit Kirchschlägers als Außenminister, darf aber wohl in dieses Kapitel aufgenommen werden.

K. wollte mit Studenten der Diplomatischen Akademie diskutieren, der Weg dahin war allerdings weit, denn sie tagten in Lienz. Bis Zell am See ging's mit der Bahn, dann fuhr er über den Felber Tauern Richtung Osttirol. Schon nach wenigen Kilometern hatte sein Auto eine Panne. Der ÖAMTC half ihm, aber kurz darauf gab der Wagen wieder den Geist auf. Kirchschläger entschuldigte seine beträchtliche Verspätung mit dem eben geschilderten Mißgeschick, was allerdings einen jungen Mann zu folgender Bemerkung provozierte: „Das kommt davon, wenn der Minister einer sozialistischen Regierung einen bürgerlichen Autofahrerklub ruft."

MENAGE

Der einstige Berufsoffizier Theodor Körner war auch als Bundespräsident um ein gutes Verhältnis zur katholischen Kirche bemüht. Vor dem Besuch eines Hochamtes meinte der alte Offizier zu einem seiner Beamten: „Bleiben S' ja in meiner Nähe, ich kenn' mich da nicht so gut aus. Früher, bei einer Feldmess' ham s' g'schossen, dann samma niederkniet, dann ham s' wieder g'schossen, und dann sind wir abgrückt zur Menasch. Was dazwischen war, hab' ich nie genau g'wußt."

WANDERER

Das typische Bild von Bundespräsident Theodor Körner muß ich zumindest dem jüngeren Leser vermitteln: Der einstige k.u.k Generalstabsoffizier und spätere General des 1. Bundesheeres ging auch im hohen Alter von 80 Jahren bei jeder Wetterlage ohne Mantel und Hut, so daß sein weißer Vollbart sofort ins Auge stach. In Warmbad Villach, das er in den letzten Jahren seines Lebens öfter aufsuchte, überraschte ihn auf einem Spaziergang ein heftiger Regen. Körner winkt einem Lastwagen, der auch bereitwillig den alten Mann aufnimmt.

Bevor er vor dem Kurhotel anhält, meint der Fahrer: „Wissen S' des, Sie schauen dem Herrn Bundespräsidenten ähnlich." Körner ungerührt: „Ja, ja, das höre ich immer wieder und fühle mich sehr geehrt."

HÖHER

Sein Nachfolger Adolf Schärf entsprach mehr dem Typ: höherer städtischer Ministerialbeamter. Schärf, ebenfalls gerne wandernd; vielleicht nicht so raumgreifend wie der General, ruht sich in einer Bergwirtschaft oberhalb von Bad Ischl aus. Die Wirtin fragt, was er denn so beruflich sei? Vielleicht gar ein Akademiker oder Hofrat? Schärf lächelnd: „Da müssen S' schon höher gehen!" Die Wirtin schnippisch: „Na, so schauen S' a wieder net aus."

SCHNITZERL

Die folgende Erzählung zählt zum Berührendsten, was mir bisher im harten Gewerbe der Politik untergekommen ist. Ich verdanke sie Professor Heinz Nußbaumer, dem Pressechef zweier Bundespräsidenten, Waldheim und Klestil.

1963 stand die ÖVP vor der schier aussichtlosen Aufgabe, gegen den amtierenden Bundespräsidenten Adolf Schärf einen seriösen Gegenkandidaten aufzustellen, dabei aber nicht einen Politiker zu verbrauchen, der für die Zukunft der Volkspartei wichtig war. Gesucht wurde also jemand, der die Mühsal auf sich nahm, obwohl die Chancen höchst gering waren.

Die Wahl fiel auf Julius Raab. Doch was war vom einstigen Volkshelden übriggeblieben? Er war in einem entsetzlichen Zustand. Nach monatelanger Krankheit schlotterten die Anzüge an ihm, das Gesicht war wächsern, der Hemdkragen schien um zwei Nummern zu groß. Mit letzter Kraftanstrengung unternahm er seine Wahlkampfreise in die Bundesländer. Auf den Plakaten wurde er in seinen besten Jahren gezeigt: Julius Raab, der Freiheitskanzler.
In Bad Gastein ließ sich der Troß nach einer kurzen Ansprache zum Mittagessen nieder. Raab studierte lange die Karte und bestellte dann mit leiser Stimme: „Herr Ober, i nimm a Schnitzerl." Der begleitende Arzt war damit nicht einverstanden: „Für den Herrn Bundeskanzler eine Forelle blau." Noch einmal versuchte Raab kläglich, sich durchzusetzen: „Na, i wollt a Schnitzerl." – „Herr Ober", korrigierte der Arzt, „Sie haben schon richtig verstanden. Eine Forelle blau für den Herrn Kanzler."
Da sah Raab zum jungen „Kurier"-Journalisten Heinz Nußbaumer hinüber: „Sehn S', junger Freund, so ist das im Leben. Und auf dem Plakat steht: Er brachte die Freiheit!"

DER SCHRAUFEN

Raab verlor, wie nicht anders zu erwarten, die Wahl gegen Schärf mehr als deutlich. Am nächsten Tag suchte er wieder seinen Schreibtisch in der Bundeskammer am Stubenring auf. Als er das Präsidentenzimmer betrat, brummte er: „Servas, gestern ham ma an g'sunden Schraufen kriagt."
Wenige Monate später starb er.

DER APPELL

Ähnlich berührend die folgende Erzählung über die letzten Tage von Bundespräsident Franz Jonas. 1974, wahrscheinlich im März, erreichte den damaligen Chef der „Kurier"-Außenpolitik, Heinz Nußbaumer, ein Anruf des engsten Mitarbeiters des Bundespräsidenten, des späteren Wiener Magistratsdirektors Dr. Josef Bandion: „Er will Sie noch einmal sehen." Kaum hatte „Nussi" Platz genommen, griff Jonas in die Schreibtischlade und holte einige Zeitungsausschnitte heraus.

„Bitte lesen Sie." Es war einer der ersten Berichte über die Drogen-Szene in Zürich. „Was sagen Sie dazu? Ist das nicht furchtbar?" Dann faltete Jonas die Hände und sagte flehentlich: „Ich bitte Sie, helfen Sie mit, daß der österreichischen Jugend dieses furchtbare Schicksal der Drogen erspart bleibt."

PS: Er hat die Realität Gott sei Dank nicht mehr erleben müssen.

DIE GEGENKANDIDATEN

Wir wollen natürlich auch nicht jene vergessen, die im Kampf – nein im Wettstreit – um das höchste Amt unterlegen sind. Lang waren's die „Schwarzen", die gegen das Bollwerk Hofburg anrannten, jetzt geht's anscheinend den „Roten" so. Beginnen wir bei Rudolf Streicher.

DIE EIGNUNGSPRÜFUNG

Der bullige Aufsteiger hatte stets versucht, in seinen zahlreichen Managementaufgaben auch die entsprechende Berufsklassifikation zu erlangen. So machte er etwa als Verkehrsminister die Prüfung als Lokführer. Als er die traditionsreiche Firma Steyr übernahm, einst Waffenschmiede der Monarchie, wollte Rudolf St. die Meisterprüfung als Büchsenmacher ablegen. Die zuständige Sektion in der Bundeskammer machte ihm dafür folgende Vorschriften: drei Berufsjahre als Büchsenmacher. Der gelernte Maschinenschlosser (er holte Matura und Studium erst später nach) hoffte, daß man ihm dies anrechnen würde. Dann: einen Kurs in Buchhaltung.

Streicher verwies darauf, daß er Hochschullehrer für Betriebswirtschaft an der Montanistik in Leoben sei. Das wurde nach langem Zögern akzeptiert. Aber: er müsse einen halbjährigen Kurs für Staatsbürgerkunde besuchen. Als Streicher den zuständigen Kammerangestellten aufmerksam machte, daß er sich doch als Bundespräsident beworben habe, erntete er nur Kopfschütteln. Der Kurs in Staatsbürgerkunde sei unverzichtbar.

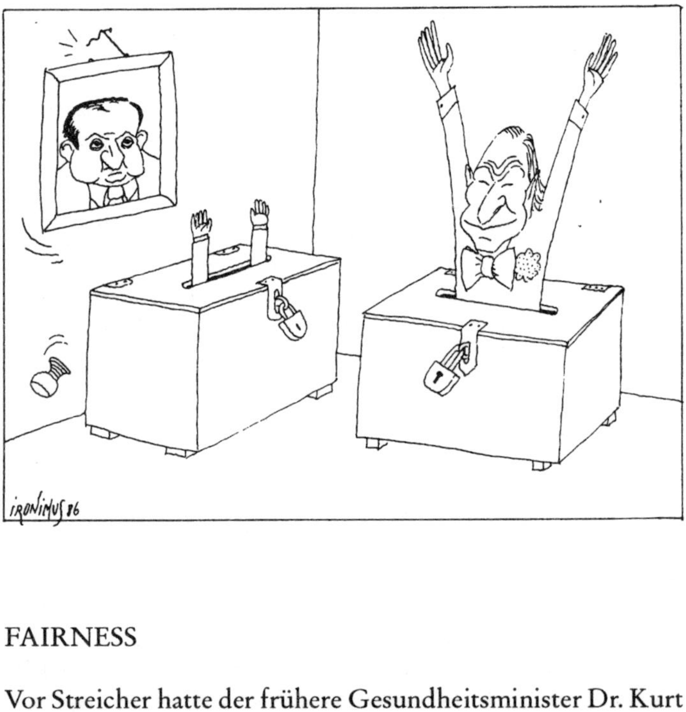

FAIRNESS

Vor Streicher hatte der frühere Gesundheitsminister Dr. Kurt Steyrer den Versuch unternommen, das Amt des Bundespräsidenten für die SPÖ zu halten. Vor dem Start des Intensivwahlkampfes traf er sich mit seinem Konkurrenten Kurt Waldheim im Bristol. Man sprach eine Stunde und fünfundfünfzig Minuten. Wer Politisches erwartet hätte, wurde enttäuscht. Da beide Herren Kriegsteilnehmer waren, unterhielten sie sich vor allem über Erlebnisse an der Front. Ob sie ein

Fairneßabkommen geschlossen hätten, wollte ein Waldheim-Vertrauter nachher wissen. Darauf beide unisono: „Offiziere sind ohnedies fair."

DER SPARMEISTER

Als sich die FPÖ entschloß, bei der Wiederwahl von Rudolf Kirchschläger 1978 einen eigenen Kandidaten aufzustellen – die ÖVP hatte ja angesichts der Chancenlosigkeit schon verzichtet –, herrschte Küchenmeister Schmalhans im Wahlkampfbudget.

Wilfried Gredler, selbst ein großer Sparmeister, paßte sich, wie folgende Schnurre zeigt, ideal an. Auf seiner Wahlreise durch Österreich frühstückte er im Linzer Tourotel reichlich, um für den strapaziösen Einsatz gewappnet zu sein. Er nahm ein Ei, dann noch ein zweites, als er aber doch zu gesättigt war, steckte er es in die Rocktasche. Zwei Tage später in Innsbruck ertastete er beim Frühstück das (Linzer) Ei, hielt es dem Ober hin und sagte: „Das Ei ist schlecht!"

SITZORDNUNG

Die ÖVP war sich ihrer jeweiligen Kandidaten nie sicher. Anders ist es nicht verständlich, daß im April 1974 schon die Plakate für den Kandidaten Dr. Hermann Withalm, den „eisernen Hermann" gedruckt waren, sich der Parteivorstand – nach dem üblichen Aufstand aus den weiter von Wien entfernten Bundesländern – aber doch noch entschloß, mit dreizehn zu acht Stimmen den populären Innsbrucker „Olympia-Bürgermeister" DDr. Alois Lugger zu nominieren. Doch sein Promoter Eduard Wallnöfer legte gleich die künftige Rangordnung fest: „Egal, wia die Wahl ausgeht, a in Zukunft sitzt der Lugger links und i rechts."

GEWICHTSFRAGE

Die Dispute in der ÖVP zwischen Ost und West, Nord und Süd sind legendär. Als es wieder einmal darum ging, wer den Kandidaten stellen sollte, machte der spätere Präsidentschaftskandidat Lugger aus Innsbruck eine vorlaute Bemerkung. Julius Raab maß ihn mit einem langen Blick und sagte dann: „Lugger, sei stad! Ihr Tiroler mit eure paar Stimmen, ihr wählts nur die Zechn vom Bundespräsidenten."
Daraufhin fragte der ebenfalls anwesende Landeshauptmann von Niederösterreich, Johann Steinböck, was denn dann wohl sein, das größte Bundesland, vom Bundespräsidenten wähle?
Raab maß Steinböck, der gut und gerne 120 Kilo wog, ebenfalls mit einem langen Blick und meinte: „Wann du Kandidat wärst, Hans, wähletens die Wampen . . .!"

BRUNO K. – der Vater der Anekdote

Auch dreizehn Jahre nach seinem Abtreten als Kanzler und sechs Jahre nach seinem Tod tauchen – trotz Dutzender Bücher von und über ihn – immer noch unbekannte Anekdoten auf. Sie zeigen, im Vergleich zu den nachgeborenen Parteiführern, ein ganzes Bündel an Eigenschaften, die auszusterben drohen: immense Belesenheit, Witz, auch Bosheit und glasklare Dialektik. Das alles konnte offenbar nur im Humus des untergegangenen Vielvölkerreiches wachsen. Dazu kam noch K.s besondere Abstammung und Erziehung. Die folgenden Geschichten sind nur als Appetitanreger gedacht, denn Bruno K. taucht noch an vielen anderen Stellen in diesem Buch auf.

EING'MAUERT

Im Wahlkampf 1975 überraschte die SPÖ mit einer Broschüre, die den Kanzler, im Hochformat, sitzend unter dem riesigen Bild des jungen Kaisers Franz Joseph zeigte. Das Gemälde hängt in der Mitte des großen Ministerratszimmers im Kanzleramt und wird noch durch einen besonders reich verzierten Gipsrahmen hervorgehoben.
Dieter Kindermann, damals junger innenpolitischer Redakteur der „Kronen Zeitung", spricht den Kanzler forsch auf das ungewöhnliche Sujet an: „Ist das für den Führer der Sozialdemokraten nicht sehr gewagt, sich mit dem jungen Franz Joseph zu zeigen, der 1848 die Revolution blutig niedergeschlagen hat?"
Kreisky, wie so oft bei unangenehmen Fragen, etwas brummig: „No, was soll i denn machen. Er ist ja hinten eing'mauert."

REPUBLIKANISCH

Elisabeth von Liechtenstein, die Mutter des steirischen ÖVP-Bundesrates Vincenz L. und Tochter der Ex-Kaiserin Zita, bittet im Frühjahr 1982 Dieter Kindermann, bei Bruno Kreisky für die Aufhebung des Habsburger-Verdiktes einzutreten. Zita von Bourbon-Parma hatte ja nie die Abdankungsdokumente unterzeichnet und durfte daher nicht nach Österreich einreisen.
Kindermann zu Kreisky nach dem Ministerrat: „Herr Bundeskanzler! Ist es für Sie als Sozialdemokraten nicht menschlich verständlich, daß die Kaiserin nach dreiundsechzig Jahren Exil endlich ihre Heimat sehen will?"
Als dann auch König Juan Carlos bei einem Besuch Kreiskys auf Mallorca für Zita interveniert hatte, wurde folgende Lösung vereinbart, die Kreisky Kindermann sofort wissen ließ: „Also, wir geben ihr a Durchreisevisum. Und keiner wird nachschauen, ob s' a da bleibt."

DER VERGLEICH

Vor allem in einem Bereich wollte K. die Zügel nicht aus der Hand geben: in der Außenpolitik. Daher machte er nicht seinen langjährigen, sehr ehrgeizigen Sekretär und außenpolitischen Berater Peter Jankowitsch zum Außenminister, sondern zuerst den parteilosen Rudolf Kirchschläger, und 1974, nach dessen Wahl zum Bundespräsidenten, den weit weniger ehrgeizigen Alt-Diplomaten Erich Bielka-Karltreu.
Jankowitsch, der sich wieder ernsthafte Hoffnungen gemacht hatte, suchte Trost bei Kreisky-Kronprinz Leopold Gratz: „Was sagst', der Alte hat mi wieder net berücksichtigt."
Drauf der gütige Poldi: „Reg di net auf. In deinem Alter war der Dollfuß schon tot!"

GEHALTSZETTEL

Jankowitsch machte bald als Diplomat Karriere. So wurde er Nachfolger Waldheims als österreichischer Botschafter bei der UNO. Da New York ein teures Pflaster ist, sieht das Gehalt auf den ersten Blick – wenn man die hohe Auslandszulage vergißt – mehr als ansehlich aus.
Eines Tages rief Kreisky den Journalisten Hans Werner Scheidl zu sich: „Ich zeig' Ihnen was. Kommen S' mit mir ins Büro. Da hab' ich den Gehaltszettel von dem Jankowitsch. Schauen Sie sich das an, was der verdient."
Nachdem Scheidl aufmerksam die Kopie studiert hatte, rief K. nach seiner Sekretärin: „Margit, bringen S' meinen Gehaltszettel." Und ohne ihn herzuzeigen: „Schauen S', Herr Kollege, was ich für das Geld arbeiten muß. Und dabei hab' ich ihn ja dazu gemacht."

LEVANTINISCH

Während Bielka-Karltreu und dessen Nachfolger Willibald Pahr die Spielregel akzeptierten, möglichst kein Eigenprofil in der Außenpolitik zu entwickeln, hielt sich Rudolf Kirchschläger nicht daran, wie mir mein Informant an Hand folgender kleinen Episode berichtet.

In einer Kabinettssitzung wurde eine außenpolitische Frage diskutiert. Kirchschläger referierte, Kreisky hörte, was höchst selten war, zu. Am Ende des Referates meinte der Kanzler: „Ich will mich zwar nicht in die Außenpolitik einmischen, aber wenn man mich fragen würde ..." Kreiskys Vorschlag war völlig konträr zu dem, was Kirchschläger eben vorgebracht hatte. Der ließ es den Kanzler auch sofort spüren: „Herr Bundeskanzler, gell, du bist mir nicht böse, aber das, was du vorschlägst, ist eine levantinische Außenpolitik, was immer das auch heißen mag." Worauf Kreisky ansatzlos zum nächsten Tagesordnungspunkt überging.

WILLIBALD

Pahr machte weniger mit seiner Außenpolitik Schlagzeilen, als vielmehr mit einer Affäre in Straßburg. Er kam in den Geruch, öffentlich Kontakt mit einem Strichjungen gehabt zu haben. Überlieferter Kommentar des alternden Kreisky: „Als Minister muß er doch wissen, daß man jemand aufs Zimmer kommen lassen kann."

DER ABSTECHER

Bei Stadtterminen ging Kreisky gern zu Fuß ins Kanzleramt zurück. Dabei nahm er oft kleine Umwege, um ein wenig Auslagen gustieren zu können. Einmal schlenderte er mit seinem Sekretär Johannes Kunz durch die Wallnerstraße nahe dem Ballhausplatz.
Vor dem bekannten Café Rabe blieb er stehen: „Gehn S', geh'n ma da auf an Kaffee." Kunz: „Das wird net guat geh'n, Herr Bundeskanzler, das is a Hurencafé." Dieser Hinweis machte Kreisky um so neugieriger. Er drückte die Nase ans Fenster, um die „Damen" zu erspähen. Schließlich meinte er brummend: „Vielleicht geh'n ma do net eini. Weil jetzt sitzen nur lauter Sektionschefs drinnen."

EINHEITLICH

Bruno K. konnte höchst schadenfroh sein, man ist geneigt zu sagen, dies wäre sogar eine Spitzeneigenschaft von ihm gewesen. Dementsprechend leistete er sich jährlich folgendes Vergnügen: Er lud die zehn führenden Wirtschaftsprofessoren, Nationalökonomen und Prognostiker zu sich in die Armbrustergasse zu einem wirtschaftspolitischen Gedankenaustausch ein.
Meist leitete er dieses Meeting so ein: „Meine Herren" – Dame war keine darunter –, „nehmen Sie an, Sie könnten die Wirtschaftspolitik nach Ihren Vorstellungen gestalten, Sie

wären durch keine Meinungsumfragen gehindert, keine innerparteilichen Rücksichtnahmen ..."
(Es war übrigens einer der ganz wenigen Anlässe, bei denen Kreisky zuhörte und nicht selbst monologisierte.)
Drei Stunden lang genoß er nun das Schauspiel, daß jeder der Professoren eine völlig andere Strategie vorschlug, der eine für eine Abwertung eintrat, der andere für eine Aufwertung, der dritte für eine Verringerung der Geldmenge, der vierte ...
Am Schluß, meist lange nach Mitternacht, resümierte Kreisky knapp: „Ich danke Ihnen für diese ungeheuer interessanten Anregungen! Sehr interessant, wie Sie die Wirtschaftspolitik gestalten würden."

PS: Was er mit dieser Veranstaltung wollte, hatten ihm die Herren Professoren ja bereits geliefert: ein Schauspiel der Uneinigkeit, der Zersplitterung und die Sicherheit, daß er Fachleute nie ernsthaft zu Rate ziehen müsse.

PROPHETIE

Kaum hatte Kreisky Lütgendorf mitgeteilt, daß er ihn als Nachfolger seines schwer erkrankten Offizierskameraden Freihsler zum Minister machen wolle, griff „Lü" zum Telefon, um die freudige Nachricht seinem Vater, General in Ruhe Freiherr Kasimir von Lütgendorf, mitzuteilen.
Knappe Antwort des alten Herrn, der offenbar mit prophetischer Gabe ausgestattet war: „Gott schütze Österreich!"

SPÄTE VATERSCHAFT

Im Bundeskanzleramt trifft die überraschende Nachricht ein, Verteidigungsminister Lütgendorf sei Vater geworden. (Der Freiherr hatte ja noch einmal gefreit.) Die engste Umgebung Kreiskys überlegt, wie sie dem Kanzler diese Neuigkeit am besten unterbreiten kann, ließ sich doch seine Reaktion auf solche Überraschungen nur schwer abschätzen. Man entschließt sich, dies bei einer längeren Autofahrt zu tun, in der Hoffnung, der Kanzler würde da nicht so heftig reagieren. Als er den Regierungschef genug müde von der lange Fahrt wähnt, nimmt der begleitende Sekretär einen Anlauf und teilt Kreisky die „Frohbotschaft“ mit. Darauf wiegt K. mehrmals nachdenklich den Kopf und fragt schließlich den jungen Begleiter: „Sagen S', Herr Doktor, wie alt ist eigentlich der Lütgendorf?“ Der Sekretär versucht rasch nachzurechnen: „Genau weiß ich's nicht, aber über den Sechziger ist er schon!“ Nach einer weiteren, sehr, sehr langen Pause meint der um drei Jahre ältere Kreisky: „Ja, ja, Doktor, so ein General kann sich's eben noch befehlen . . .“

HUNDELIEBE

Kreisky besaß zwei Hunde, genauer gesagt: zwei Boxer, noch genauer: zwei Boxerhündinnen, die er besonders liebte. Vielleicht versteht man jetzt besser den Satz, der Kreisky zugeschrieben wird: „Wer in der Politik einen Freund braucht, muß sich einen Hund zulegen.“
Mit den beiden Hunden ging er, nach langen politischen Tagen, nächtens in der Armbrustergasse und am Schreiberweg spazieren und hat nach eigenen Angaben oft halb Grinzing aufgeweckt. Begleitet hat ihn dabei gelegentlich ein anderer Hundebesitzer: Hans Igler, Präsident der Industriellenvereinigung, der nur wenige Häuser weiter in der Probusgasse wohnte. Igler nützte natürlich die nächtliche Zweisamkeit, um den Kanzler von manch wirtschaftspolitischer „Notwendigkeit“ zu überzeugen. Und wenn dann Kreisky wieder einmal vor den Folgen einer extremen Hartwährungspolitik warnte, ging in Wien das Bonmot um: „Da haben der Kreisky und der Igler wieder einmal die Hunde am Schreiberweg spazierengeführt.“

PS: Ich habe natürlich auch diese Geschichte nachgeprüft.
Und Präsident Igler bestätigte mir, daß ihn dieses Bonmot bis heute begleite. Denn der jetzige Bundeskanzler, damals noch Androsch-Sekretär, spreche ihn oft darauf an: „Durch eure

blöden Spaziergänge haben wir immer eine zusätzliche Arbeit gehabt, denn du hast ihm vieles ausgeredet, was schon unterschriftsreif auf seinem Schreibtisch lag."

DAS VORBILD

Martin Stiglmayr, der Bruder der Korrespondentin der einstigen Grazer ÖVP-Zeitung „Südost-Tagespost", Barbara Stiglmayr, mit der sich Kreisky besonders gerne rieb –: „Sie haben ja Tränen in den Augen . . ." – fragte Kreisky einmal, wer sein Lieblingsmonarch sei. Er tippte dabei auf Joseph II., den liberalen Reformer unter den Habsburgern. Sehr zu seiner Überraschung antwortete K. jedoch: „Die Kaiserin Maria Theresia!"

DAS ARGUMENT

Bei der Fülle an Fragen und Themen, die an einen Kanzler herangetragen werden, bedarf es natürlich einer sorgfältigen Auswahl und Vorbereitung. Dies ist die Aufgabe eines ganzen Rudels von Sekretären, an deren Spitze der jeweilige Kabinettschef steht. Freddy Reiter, heute Generaldirektor der Investkredit-Bank und geachteter Troubleshooter in der Konsum-Pleite, war einer dieser Männer an den Schalthebeln. Dabei entwickelte er natürlich eine gewisse Taktik, Vorschläge, die ihm wichtig schienen, beim Kanzler durchzubringen, andere ihm auszureden. Für letzteres fand er bald ein probates Mittel. Er brauchte nur zu sagen: „Herr Bundeskanzler, der Veselsky" – Kreiskys ungeliebter Staatssekretär für die Verstaatlichte – „ist auch dafür." Und schon war's abgelehnt.

DIE RETTUNG

Anders als in der Politik war Kreisky, was sein Äußeres betraf, mehr als konservativ. Er bevorzugte die klassische engli-

sche Linie, im wahrsten Sinn des Wortes von Kopf bis Fuß. Eines Tages klagte Meister Nagy, der Kreisky schon viele klassische Kappenschuhe handgefertigt hatte, sein Leid. Die jungen Leute wüßten den Wert eines Maßschuhes nicht zu schätzen, das Geschäft ginge sehr schlecht.
Bei der nächsten Postsitzung musterte K. kritisch das Schuhwerk seiner Mitarbeiter: „Was habt's ihr für Schuhe an. Das ist ja letztklassig. So etwas trägt ein Herr in diesem Haus nicht." Er zog mehrere Visitkarten von Meister Nagy heraus, der kurz darauf Besuch von Kreiskys Sekretären bekam. Der Maßschuster war für einige Zeit gerettet.

OFFENE RECHNUNG

Die „Buntblätter", wie die Tageszeitungsjournalisten früher abschätzig die Illustrierten bezeichneten, bevor sie selbst Farbe ins Blatt rücken mußten, waren natürlich an Storys interessiert, die optisch etwas hergaben. So verfiel der legendäre Chefredakteur der „Bunten", Sepperl Gasser, auf die Idee, den Sozialdemokraten und Großbürger Kreisky beim Maßschneider, bei einer Probe, zu fotografieren, was ja auch für den Maßsalon eine gute Werbung war. Man traf sich also am Ring bei der renommierten Firma Hantak. Der Fotograf knipste endlos – Bruno K. ließ das in stoischer Ruhe über sich ergehen. Nach Verlassen des Geschäfts rannte der Besitzer Kreisky-Sekretär Johannes Kunz nach: „Können S' dem Kanzler net sagen, daß die drei letzten Anzüge noch nicht bezahlt sind?"

FRED S. –
der Nachfolger

Für die Karikaturisten war der Nachfolger Kreiskys mit der markanten Physiognomie nicht unergiebig – manche bezeichneten seine charaktervolle Nase als Riechkolben –, für die Anekdotensammler bedeutete dieser Wechsel fast einen Absturz ins Bodenlose. Nicht daß der pyknische Burgenländer kroatischer Abstammung ohne Geist und Witz gewesen wäre, nur fehlte ihm dabei jene Eleganz der Sprache, wie sie dem jüdischen Großbürgersohn Kreisky eigen war. Erschwerend kam hinzu, daß der „Alte" einen Berg von Problemen zurückgelassen hatte, von denen viele behaupten, daß wir in Wahrheit bis heute daran kiefeln. Dafür kreisen die Anekdoten mit und um Sinowatz mehr um die zentralen Fragen des Lebens.

DIE NORMALPORTION

Anders als bei Kreisky, der in seiner Villa in der Armbrustergasse oft Gäste hatte, verteidigte Sinowatz seine private Sphäre auch als solche. Von ihm nach Neufeld, seinen Geburts- und Wohnort, eingeladen zu werden, war also eine besondere Sache. Dieter Kindermann von der „Krone" wurde diese Ehre einmal zuteil. Zuerst führte ihn Fred S. durch die Hauptstraße, danach suchten sie ein Gasthaus auf, das Verwandten des Kanzlers gehörte. Sinowatz bestellte zunächst eine kräftige Suppe, dann eine Portion Leber, schließlich noch ein Beuschel – nur zum Kosten, wie er sagte –, um als Schluß- und Hauptgang ein Wiener Schnitzel mit einer ordentlichen Ladung Kartoffelsalat zu verputzen. Dazu – uns ist die Zahl nicht genau überliefert – ein paar G'spritzte.
Nach einem kurzen Spaziergang durch Neufeld kam man in Sinowatzens bescheidenem Einfamilienhaus an. In der Bibliothek, dem besonderen Stolz des studierten Historikers, ließ sich S. seufzend nieder und rief nach seiner Gattin: „Du, Hermi, kannst' ma net was zum Knabbern bringen. I hab' so an Hunger!"

PS: Wer Dieter Kindermann kennt – manche würden ihn als halbe Portion bezeichnen – weiß, daß er bereits vom Zusehen satt wurde.

GEWICHTSREDUKTION

Sinowatz litt manchmal (aber nicht arg) unter seiner Skyline und unternahm von Zeit zu Zeit Versuche, sie zu reduzieren. Auf die gesammelten Ergebnisse (meist bei den Nonnen in Mönchhof oder den Barmherzigen Brüdern in Schärding) war er stolz: „Was wollen S' denn? I hab in meinem Leben eh schon sechshundert Kilo abgenommen." Wieviel er wieder hinaufgegessen hatte, ließ er unbeantwortet.

DIE UMARMUNG

Fred Sinowatz kapitulierte schließlich vor dem Gewichtsproblem und kokettierte bei allen möglichen Anlässen mit seiner Statur. So wurde er in Moskau von Journalisten gefragt, ob bei einer allfälligen Verschärfung der internationalen Lage – es war die Zeit kurz nach dem Tode Breschnews – nicht eine Umarmung Österreichs durch die Sowjetunion drohe? Der Kanzler schmunzelnd: „Mich zu umarmen ist schon wegen meines Habitus nicht leicht . . .“

DIE LAGE

Mit einem Ausspruch wird Fred Sinowatz sicher in den Zitatenschatz eingehen: „Es ist alles äußerst kompliziert.“
Als er sich nach seinem Gespräch mit dem sowjetischen Staats- und Parteichef Konstantin Tschernenko den begleitenden österreichischen Journalisten stellte, begann er so: „Die internationale Lage ist äußerst kompliziert. Bitte, das sind *seine* Worte . . .“

FALSCHE PARTEI

Die Post liefert täglich Berge von Schriftstücken ins Kanzleramt. Eines Tages war darunter ein Frachtbrief für Kühe, adressiert an einen gewissen Dr. Fred Sinowatz, Tierarzt – und wie sich bei genaueren Recherchen herausstellte – in Oberösterreich beheimatet. Dieser Dr. med. vet. Sinowatz war auch noch in anderer Hinsicht bemerkenswert: Er war vom „Neuen Volksblatt“ der Volkspartei als bester ÖVP-Werber in OÖ ausgezeichnet worden. So entspann sich ein Briefwechsel der beiden ungleichen Namensvettern. Der Tierarzt schrieb an den Kanzler: „Sie sind ein ehrenwerter Mann, nur bei der völlig falschen Partei!“

GESUNDHEIT

Nachdem Fred Sinowatz wider eigenen Antrieb die Nachfolge des „Sonnenkönigs" Bruno Kreisky angetreten hatte, baute er die Regierung so um, daß er sich in dem anstrengenden Job auch wohl fühlen konnte. So wurde Freund „Poldi" (Gratz) Außenminister, gleichzeitig trennte er sich vom verbissenen Androsch-Jäger Herbert Salcher. Auch die wenig erfolgreiche Familienministerin Elfriede Karl, eine Erfindung Kreiskys, mußte der mütterlichen Gertrude Fröhlich-Sandner weichen. Diese hatte sich allerdings bereits vorher aus – wie sie sagte – Gesundheitsgründen von der aktiven Politik verabschiedet und war als Wiener Vizebürgermeisterin zurückgetreten. Ein Journalist fragte daher Sinowatz: „Herr Bundeskanzler, ist die Annahme richtig: Zu krank für Wien ist noch immer gesund genug für Österreich?"

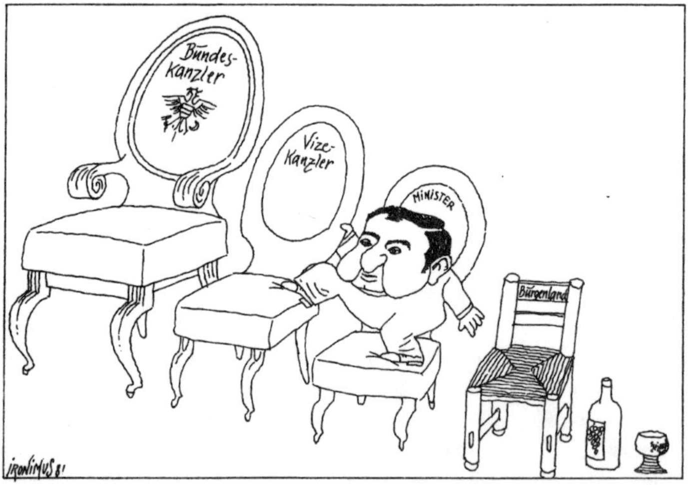

ZIGARILLO

Nachdem Kreisky die „Kronprinzen“ Androsch und Gratz „abhanden gekommen“ waren, erkor er Fred Sinowatz zu seinem Nachfolger. Weil von diesem – wie böse Zungen behaupten – die geringste Gefahr ausging, daß er den Stern Kreiskys überstrahlen werde. K. ließ aber den Nachfolger mit kleinen Sticheleien spüren, daß er ihn nicht für ebenbürtig hielt, wie folgende Episode beweist:

Sinowatz hatte seine erste große Pressekonferenz gegeben, als bei Gerald Freihofner, damals stellvertretender Chefredakteur der „Wochenpresse“, das Telefon ging: „Kreisky! No, Herr Chefredakteur, Sie waren ja dort bei der Pressekonferenz. Was war denn Ihr Eindruck?“

Freihofner, überrascht ob des Anrufs: „Das witzigste für mich war, daß er sich am Ende eine ang'raucht hat.“ – „Was hat er denn g'raucht?“ wollte Kreisky wissen. – „A Zigarillo.“

Des Alt-Kanzlers Antwort sprach Bände: „No ja, a Zigarren war a z'groß für ihn.“

DIE „VIZES“

Der Zweite hat in der Politik meist eine unbedankte Rolle – oder beide Partner sind annähernd gleich stark, wie in der legendären „Großen Koalition“ bis 1966, als Bruno Pittermann die schwarzen Bundeskanzler zur Weißglut brachte. Ich beginne daher dieses Kapitel erst bewußt mit der „Kleinen Koalition“ am Ende der Ära Kreisky. Das Duo Fred Sinowatz und Norbert Steger war nicht nur dem Äußeren nach höchst inhomogen, auch vom politischen Gewicht her klafften zwischen SPÖ (47%) und FPÖ (5%) Welten. Dem Spott der Karikaturisten war daher ein weites Feld geöffnet, wie die nächsten Seiten zeigen werden. Doch Geschichte ist bekanntlich oft ungerecht. Zehn Jahre nach dem Führungswechsel von Norbert zu Jörgl leisten bereits viele dem liberalen Rechtsanwalt Abbitte.

TORPEDO

In der „Kärntner Volkszeitung“ beschrieb der Kolumnist Egon Linortner das ungleiche Paar einmal so: „Wenn man die beiden bei einer Pressekonferenz am Bildschirm sieht, dann kommt mir der Steger vor, als wäre er der eigentliche Bundeskanzler, und der Sinowatz wie ein U-Boot-Kapitän, dem der Kreisky vergessen hat, die Torpedos mitzugeben.“

ABWESENHEIT

Auf der Fahrt zu einem Staatsbesuch wurde Sinowatz von Journalisten darauf angesprochen, daß während seiner Abwesenheit Vizekanzler Steger die Regierung führen und sich beim Ministerrat selbstbewußt in den Stuhl des Kanzlers werfen werde. Sinowatz trocken: „Ich halt's aus!“ Nachstoßfrage: „Aber ob's auch Österreich aushält?“ Darauf der Kanzler: „So lang bin ich ja auch wieder nicht weg.“

WÜRSTLSTAND

Zu den schwersten Augenblicken im politischen Leben des Alois Mock zählten sicher die Wahlabende. In erster Linie der des 23. November 1986, als er während des Wahlkampfes schon wie der nächste Bundeskanzler aussah, der neue Politstar Jörg Haider ihm aber letztlich den Sieg stahl.
Um so gelöster war der „Loisl“, als es ihm gelang, am Abend des 24. April 1983 Bruno Kreisky die absolute Mehrheit abzujagen. Doch der alte Fuchs hatte längst den neuen „Ehepartner“ im Auge.
Während Mock noch vom Balkon des Palais Todesco, dem legendären Hauptquartier der Schwarzen, zu seinen Wahlhelfern sprach, die sich rund um den dort aufgestellten Würstlstand gruppierten, verfolgte Kreisky in der Hofburg zusammen mit Norbert Steger die TV-Übertragung. Trotz der Niederlage war er boshaft wie immer: „Wir müssen no warten“, meinte er zum FPÖ-Obmann, „bis der Mock die

Rede an den Würstlstand g'halten hat, dann kemma verhandeln." So wurde die Kleine Koalition geboren.

DIE EINLADUNG

Man saß in Alpbach zusammen, wie jedes Jahr im Sommer, und dies „interkonfessionell": Hannes Androsch, Norbert Steger und Alois Mock. Die kleinste Partei übernahm die Vorreiterrolle: Steger: „I zahl a Runde." Dann kam Androsch dran. Schließlich war die Reihe am „redlichen Alois". Auch er bestellte schließlich zögerlich eine Runde Obstler. In diesem Augenblick geht die Tür auf, es erscheint die resolute Edith Mock, sieht die Zecher und sagt knapp: „Loisl, wir gehn." Er konnte grad noch zahlen.

SPRACHVERWIRRUNG

Alois Mock, der gelernte Diplomat, war stets stolz auf seine Fremdsprachenkenntnisse – er spricht ausgezeichnet französisch und italienisch, natürlich englisch – und setzte sie daher auch gebührend oft ein. 1993, EDU-Parteiführerkonferenz im befreiten Ungarn; rund um den Parteiführertisch Jacques Chirac, Helmut Kohl, John Major – alles, was im konservati-

ven Westen Rang und Namen hatte und auch im Osten: Vaclav Klaus, Lojze Peterle und der Gastgeber, Ministerpräsident Joszef Antal. EDU-Chef Mock eröffnet auf englisch und französisch; Helmut Kohl setzt unwillig den Kopfhörer auf. Dann folgt Lagebericht, Rechenschaftsbericht auf englisch und französisch, Kohl wird noch unwilliger. Schließlich kommt Antal und begrüßt auf deutsch.
Kohl (mit Kopfhörer und daher laut sprechend) zu seinem Nachbarn: „Na, wenigstens der Ungar kann Deutsch."

VERZÖGERUNG

Beim häufigen Wechsel an der ÖVP-Spitze – in den letzten fünfundzwanzig Jahren hatte die SPÖ drei, die ÖVP hingegen sieben Parteichefs – kann das Wahlvolk schon den Überblick verlieren. So passiert dem Mock-Nachfolger Josef „Joschi" Riegler, der sich in einem Wahlkampf den oststeirischen Bauern bei Haus- und Hofbesuchen präsentierte. Der Ortsparteiobmann schleppte ihn zu einem Kleinbauern: „Grüß di, Hansl, schau, wen i da mitbring." Der Bauer zeigte sich unbeeindruckt. „Jo, jo, den kenn i eh, des is da Taus."

HAUSVERBOT

Im Mai '86, die Kleine Koalition lag schon in den letzten Zügen, kam es zwischen Josef Riegler, damals noch Direktor des ÖVP-Bauernbundes, und dem amtierenden SPÖ-Landwirtschaftsminister Günter Haiden zu einem veritablen Krach wegen der Drohung, die Ab-Hof-Verkäufe der Bauern drakonisch zu bestrafen. SPÖ-Vorsitzender Sinowatz sprach sogar via ORF-Mittagsjournal ein „Ballhausplatz-Verbot" für den aufmüpfigen schwarzen Bauernführer aus. Wenige Tage später, am 9. Juni, trat Sinowatz zurück, ein halbes Jahr später war Riegler Landwirtschaftsminister im Kabinett Vranitzky. Das „Hausverbot" hielt also nicht lang.

ERHARD, DER G'SCHEITE

Erhard Busek war der nächste schwarze „Vize", und mit ihm hatte Vranitzky schon mehr Mühe. Der scharfzüngige Intellektuelle verschonte aber mit seinem häufigen Spott und Zy-

nismus auch die Parteifreunde nicht, was nach seinem Abgang manche mit Erleichterung quittierten. Auf jeden Fall konnte er in seinem Amt die Saat aufgehen sehen, die er als einer der wenigen schon vor dem Fall des Eisernen Vorhanges im Osten gesät hatte.

DOPPELKOMPANIE

Vor einer Ministerratssitzung schimpfte „Stahlhelmer" Robert Lichal herüber zu Erhard Busek: „Du gehst mir auf die Nerven mit deinem Osteuropafimmel. Das ham ma davon, daß dort die Kommunisten abtreten mußten. Früher gab's zwei Doppelkompanien, wenn man angekommen ist. Jetzt bleibt am nur der Arabische Golf über, wenn man repräsentativ empfangen werden will."

VERMISCHUNG

Jörg Haider hatte wieder einmal gegen die „Überfremdung" Österreichs gewettert. Darauf meinte Busek im Ministerrat zu Vranitzky: „Das kommt von dem europäischen Mischmasch. In Tschechien tragt der Ministerpräsident den deutschen Namen Klaus und sein Stellvertreter heißt Haas, bei uns Deutschsprechenden ist es genau umgekehrt, da heißt das Duo Vranitzky und Busek."

ABSCHIED

Als der SPÖ-Vorsitzende und Kanzler an der Zeitenwende 1989/90 noch einmal die kommunistischen Würdenträger in den Nachbarstaaten besuchte, die kurz danach den Reformkräften weichen mußten, meinte Busek sarkastisch: „Wir sind froh, daß er viel unterwegs ist. Denn wo er hinfährt, dort ist wieder bald aner weg."

ALMDUDLER

Busek war aber nicht nur ein Osteuropa-Fan, sondern gleichzeitig auch ein begeisterter Europäer. Als in der Nacht vom 1. auf den 2. März 1994 die Verhandlungen um einen Beitritt Österreichs zur EU in die alles entscheidende Phase traten, läutete um vier Uhr früh bei Busek in Wien das Telefon. Am Apparat aufgeregt Wirtschaftsminister Wolfgang Schüssel: „Du, Erhard, es ist schrecklich. Wir san jetzt im Stadium Almdudler." – Busek: „Was soll des, i versteh' di net." – „No, der Alois Mock schaltet auf stur und stellt si des so vor: ‚Wan die kan Almdudler ham, fahr'n ma wieder ham.'"

DER ERSATZMINISTER

Auf Busek folgte Schüssel, der unter Busek schon Wirtschaftsminister war. In dieser Funktion war er wieder einmal in Paris. Die erste Sitzung war vorbei, die zweite sollte sich verschieben. So bummelte der Mascherlträger durch die Seine-Metropole. Ein Plakat „Albertina in Paris" erregte seine Aufmerksamkeit. Schüssel öffnete die Tür zur Ausstellungshalle, da setzte Applaus ein: „Endlich, der Minister ist da!" Wolfgang Sch. konnte sich nur wundern, denn für Kunst wollte er wirklich nicht zuständig sein. Des Rätsels Lösung war aber rasch gefunden: Vizekanzler Busek, als Wissenschaftsminister zuständig, hatte die Eröffnung der Ausstellung absagen müssen, dies war aber nicht nach Paris durchgedrungen.

Nach den spontanen Eröffnungsworten des Ersatzministers wurde er vom Direktor der Wiener Albertina mit seinem berühmteren Kollegen, dem Direktor des Pariser Louvre, bekannt gemacht. Und da war Schüssel restlos baff, denn er wurde so vorgestellt: „Monsieur, das ist der österreichische Finanzminister, Herr Ferdinand Lacina!"

TENNISLEHRER

Wolfgang Schüssel machte nicht erst als Vizekanzler das „Mascherl“ zu seinem Markenzeichen. Schon am Beginn seiner Karriere fiel er durch überaus unkonventionelle Kleidung auf, was bei den konservativen Herren des ÖVP-Wirtschaftsbundes manchen Unmut auslöste. Vor allem der steirische Wirtschaftsbündler Anton Peltzmann stichelte bei Schüssels Boß Rudolf Sallinger: „Heast, wos der anhat. Schau, daß si der g'scheit anzieht!“ Als der „Wolfi“ wieder einmal überaus leger mit einem Jersey-Leiberl zu einer Sitzung kam, brummte Sallinger: „Wüst di net umziehen, du schaust aus wie a Tennislehrer.“

MASSEUSE

Man saß auf „höchster Ebene“ zusammen, um das erste Sparpaket zu schnüren: der Kanzler Vranz, sein Vize Schüssel, der ungeliebte Finanzminister Andreas Staribacher, Sozialminister Franz Hums und der zweite Teil des Schüssel-Kurses, Wirtschaftsminister Johannes Ditz. Es ging darum, die Körperschaftssteuer anzuheben. Das Stichwort inspirierte Wolfgang Schüssel zu folgendem Beispiel: Seine Masseuse würde eine derartige Anhebung nicht verkraften. Und so blieb die Körperschaftssteuer unangetastet.

VON A BIS V –
von Androsch bis Vranitzky

Es ist nicht Zufall, daß am Anfang und am Ende dieses Kapitels zwei Namen stehen, die für viele bis heute der Inbegriff der politischen Nomenklatur sind: hie das politische Ur-Talent Hannes A. und da der eher sperrige Administrator der Macht Franz V. Doch zwischen A und V gibt's noch genügend Platz und Stoff für andere interessante Charaktere – bitte auch das Z nicht zu vergessen, aber für Helmut Zilk gibt's natürlich ein eigenes Kapitel.

VERTRAUTHEIT

Bei Peter Rabl in der Onyx-Bar, im markanten Glaserker des Holleinschen Haas-Hauses am Wiener Stephansplatz, diskutierte knapp vor dem Koalitionsbruch 1995 eine ausgewählte Runde über die Zukunft der SPÖ: der Eben-noch-Bundesgeschäftsführer Josef Cap, der einen Tag später von „Gitti" Ederer abgelöst wurde, der Kery-Enkel als burgenländischer Landeshauptmann, Karl Stix, die streitbare neue Frauenchefin Helga Konrad, ihr nicht minder streitlustiger steirischer Ex-Parteikollege Wabl, und schließlich der ewige Vor- und Nachdenker der Partei, Bruno Aigner, im Hauptberuf das Alter ego von Parlamentspräsident Heinz Fischer. Als Zukkerl für die TV-Zuseher mitten drin unter den Genossen: Ex-Vizekanzler Hannes Androsch, der viel schwieg, aber im Mienenspiel oft mehr als mit Worten sagte.
Nach der Sendung – es wurde sofort heftig weiterdiskutiert – meinte Androsch zu Cap und Aigner: „Wan i euch so zug'hört hab', hab' i ma dacht: Des is wieder mei alte Partei!" Darauf Cap zu Androsch: „Du hast schon allein a beachtliche Negativwirkung gehabt!"

DIE ZUKUNFT

Es war in den frühen siebziger Jahren als der Stern des Hannes Androsch am strahlendsten leuchtete. In einer kleinen Runde fragte ORF-Generalintendant Gerd Bacher den Vizekanzler: „Hannes, was willst werden? Bundeskanzler oder reich?" Androsch, ohne zu zögern: „Ich werde beides." Darauf der GI: „Hannes, du weißt, daß ich dich sehr schätze, aber des kannst net amal du."

PS: Wie recht er behalten sollte.

DER VERGLEICH

Wir sind in der berühmten Sauna im Grünen, am Rande des Wiener Praters, in der „Krone"-Kolumnist Richard Nimmerrichter, vulgo „Staberl", jahrzehntelang dem Volk aufs Maul schaute. Die Zeitungen, allen voran das „profil", waren voll der Vorwürfe gegen Hannes Androsch: er habe Millionen an Steuern hinterzogen.
Ein Typ in der Sauna tut sich besonders hervor: „Der Androsch is der größte Pülcher, der größte Verbrecher!" Ein anderer Saunagast: „Wast du an Bessern? No, wer soll denn die Hack'n machen?" Der Angesprochene: „No, der Androsch." – „Du Trottel", kommt's zurück, „du hast do grad gsagt, er is a Pülcher." – „Ja, ja, a Pülcher is a schon. Aber a Pülcher als Finanzminister is ma allemal liaba als a Trottel."

NACHTARBEITER

Hannes Androsch verstand es, seine Mitarbeiter für ein Leben an sich zu binden (mit einer Ausnahme vielleicht: F. V.). Der sogenannte „Androsch-Clan" wurde vor allem in den ersten Jahren der Regierung Kreisky zusammengeschweißt, als sich der jüngste Finanzminister der Zweiten Republik gegen viele Gegner in und vor allem außerhalb der SPÖ durchsetzen mußte. Berühmt sind die langen Nächte rund um die Budgeterstellung, in denen Würstl und Senf die Hauptnahrung waren. In einer dieser Nächte trafen die Androsch-Sekretäre Beppo Mauhart und Herbert Cordt um zwei Uhr am Würstelstand bei der Oper auf den Besitzer der Eden-Bar und des Moulin Rouge, Heinz „Ranger" Schimanko, dem sie ihr Leid klagten. Der lud sie spontan in den benachbarten Lusttempel auf Knödl und Kraut ein, das sie im An- und Auskleideraum der Stripperinnen verzehrten. Wenige Tage später stand im „Blatt der Industrie" – von Chefredakteur Milan Frühbauer selbst verfaßt – ein böse Glosse: „Über die Qualität des Budgets braucht man sich nicht zu wundern, wenn die Androsch-Sekretäre die Nacht im Moulin Rouge verbringen!"

SPHINX

Keine Ministerernennung bedeutete eine so klare Abkehr vom Kurs Kreiskys wie die Entlassung des prononcierten Androsch-Feindes Herbert Salcher. Um so mehr als ihn Fred Sinowatz durch den einstigen Androsch-Sekretär Franz Vranitzky ersetzte. Logisch, daß die Journalisten sofort Bruno Kreisky fragten, was er von dieser Personalentscheidung halte. Kreisky kryptisch: „Für mich ist der Vranitzky eine Sphinx ohne Rätsel."

KORYPHÄE

Hannes A. und Franz V. verbindet und trennt zugleich die Vergangenheit. V. wurde das, was A. durch Bruno K. nicht werden durfte: Bundeskanzler. Dabei gäbe es den Politiker V. ohne A. nicht, denn hätte A. den V. nicht als Finanzminister zu seinem Sekretär gemacht ... Dementsrechend scharf sind auch die Spitzen, die beide gegeneinander richten.

Vranitzky zum Vorwurf seines einstigen Chefs Androsch, der Kanzler sei arrogant: „In theoretischer und angewandter Arroganz ist der Dr. Androsch sicher eine Koryphäe!"

SCHIKURS

Die Serie an deftigen Spitzen beiderseits ist lang; einige möchte ich noch hier anfügen.
Als vor der Nationalratswahl 1995 immer klarer wurde, welchen Schuldenberg die Große Koalition angehäuft hatte, kam es innerhalb der SPÖ zu zaghaften Ansätzen einer Führungsdiskussion, ob Franz Vranitzky nicht zumindest als SPÖ-Vorsitzender das Feld räumen sollte. Hannes Androsch, von Journalisten um seine Meinung dazu gefragt, lieferte ein knalliges Bonmot: „Wenn der Schikurs bereits unter der Lawine liegt, ist es zu spät, den Schilehrer zu wechseln."

CHARAKTER

Nach der für die SPÖ und Vranitzky dramatisch schlecht ausgefallenen Wahl 1994 – die Partei verlor 6,8% –, höhnte Hannes Androsch im kleinen Kreis: „Der Pittermann mußte 1966 gehen, weil er 1,5% verlor. 1994 verlor der Franz 7%. Es gibt eine alte Tradition von Armeeführern: Wenn man den Erfolg nicht hat, soll man wenigstens Charakter haben und die Konsequenzen ziehen."

SMALL TALK

Man saß beim Bankett im Schloß Schönbrunn, der Gast kam aus einer fremden Welt, dementsprechend schleppend entwickelte sich die Konversation. Kanzler Vranitzky bemühte sich, mit dem starken Mann Chinas, Li Pang, ins Gespräch zu kommen. Da half die Erinnerung an die Ankunft am Flughafen, die Ehrenkompanie des Bundesheeres, und schon war der Anknüpfungspunkt gefunden: „Wie lange muß ein junger Chinese bei Ihnen dienen?"
Der Gast aus Fernost schüttelte unmerklich den Kopf: „Wir haben zwanzig Millionen Achtzehnjährige. Wie stellen Sie sich das vor, wenn zwanzig Millionen einrücken?"
Vranitzky wechselte rasch das Thema.

SELBSTBEWUSST

Seit Bruno Kreiskys Zeiten, als die SPÖ beschloß, die Schule für die „roten" Parteikader standesgemäß in einem aristokratischen Schlößchen unterzubringen, lädt der SPÖ-Kanzler zu einem Sommerfest in den Altmannsdorfer Schloßpark. So auch der „Vranz". Ein fürwitziger ORF-Reporter wollte von ihm wissen, ob er auch auf das Kanzlerfest ginge, wenn er nicht Kanzler wäre. V. cool: „Die Frage stellt sich nicht die nächsten Jahre."

REGIERUNGSCHEF

Es war nach den Koalitionsverhandlungen 1995, da diskutierte eine Journalistenrunde zum wiederholten Male, wer denn nun eigentlich in der Regierung das Sagen habe, wer der eigentliche Regierungschef sei, der Vranitzky, wo er doch Stimmen gewonnen habe, oder der Schüssel, weil er nun der SPÖ seinen Sparkurs habe aufzwingen können. Da brummt einer – sein Name bleibe aus gutem Grund ungenannt: „No, der Regierungschef heißt CV." Erstaunen in der Runde. „Wieso der CV? Der Schüssel ist doch beim MKV", fragt einer. – „I hab do net gesagt, *der* CV, sondern *nur* CV. Die Christine Vranitzky!"

TRINKFEST

So kühl und unnahbar wie er heute manchmal wirkt, war Franz Vranitzky nicht immer. Beppo Mauhart, unter Androsch so etwas wie der Chef der Sekretärsriege, erzählte mir von einer berühmt-berüchtigten Reise in den siebziger Jahren mit Journalisten und Wirtschaftskapitänen in die Sowjetunion, wo es galt, mit dem legendären Außenhandelsminister Patolitschew Geschäfte zu machen. Während in Moskau und Petersburg, das damals natürlich noch Leningrad hieß, entgegen der Annahme fast nur Fruchtsäfte gereicht wurden und kein Wodka, mußten Androsch, Mauhart, Vranitzky und der Rest der Delegation in Georgien zeigen, was sie vertragen konnten. Und das war, so berichtete mir Mauhart, gewaltig. So daß ein begleitender Journalist, der allerdings das Ende des Abends nicht mehr erlebte, andertags anerkennend meinte: „Wenn's ihr statt dem Raab und dem Figl um den Staatsvertrag verhandelt hättets, hätt' ma wahrscheinlich auch weite Teile Polens und der Tschechoslowakei bekommen."

ABSCHREIBUNG

Vor Vranitzky war Salcher. Kreisky hatte sich den sturen Tiroler ausgesucht, um seinen einstigen „Ziehsohn" Hannes A. und dessen Steuerfall besser bekämpfen zu können.
An einem Parlamentstag saß Herbert Salcher schon zeitig in der Früh mit einigen Genossen in der Milchbar. Während die Runde noch das Frühstück verdrückte, sagte Salcher: „Zahlen, des geht auf's Ministerium!"
Am Nebentisch saß ORF-Kameramann Herbert Schuler und rief keck hinüber: „I zahl a, aber i kann's net abschreiben."
Worauf ihn Salcher ebenfalls einlud.

GENERALFELDMARSCHALL

Noch schnell eine aktuelle Anekdote knapp vor Redaktionsschluß. Beim jüngsten Besuch des deutschen Bundeskanzlers Helmut Kohl in Österreich wurde dieser auf sein Verhältnis zu seinem Visavis angesprochen. Auf eine Journalistenfrage, ob die alten Bekannten bis zum Jahr 2000 zum Du-Wort finden könnten, meinte Kohl, das werde beim Abendessen erledigt. Denn immerhin wären in alten Zeiten – so der promovierte Historiker – auch Leutnant und Generalfeldmarschall per du gewesen. Vranitzky zierte sich sichtlich, welchen Rang er in diesem Vergleich einnehmen solle.

GRAF „ROBBY“

Vielleicht sollten wir noch kurz bei einem Mann verharren, der zu den interessantesten der innenpolitischen Szene der siebziger und achtziger Jahre zählte: Robert „Robby“ Graf, der eineffige Graf, wie er zur besseren Unterscheidung von ÖVP-Generalsekretär Dr. Michael Graff meist genannt wurde. Graf, der aussah wie ein Graf, auch so sprach, aber keiner war, wurde 1929 in New York als Sohn burgenländischer Auswanderer geboren – was in der folgenden Geschichte noch eine Rolle spielen sollte. Er war ein blendender Redner, dessen beißender Spott oft sogar Bruno Kreisky aus dem Kanzlerzimmer ins Plenum trieb. Da er auch seine Parteifreunde nicht mit Kritik verschonte, war er nicht unbedingt beliebt in seiner Partei.

SCHLEUSENWÄRTER

Am Höhepunkt der Auseinandersetzung um das Einreiseverbot für Bundespräsident Dr. Kurt Waldheim in die USA – die sogenannte „Watch List“ – hatte Graf Streit mit den Amerikanern um eine andere Liste: die Cocom-Liste, die Verbotsliste von Hochtechnologie, die nicht in die Sowjet-

union, den Irak oder andere schwer berechenbare Regime geliefert werden durfte.
Graf, gerade Wirtschaftsminister, erhielt Besuch einer amerikanischen Expertendelegation, angeführt vom damaligen US-Botschafter in Wien, Ronald Lauder, der wegen seiner jüdischen Abstammung besonders hartnäckig in der Causa Waldheim war. Obwohl Graf aus New York stammte, war die Stimmung eisig. Der Minister nachher, wie immer leicht nasal: „Die Herren haben mich behandelt wie die US-Fruit-Company den Schleusenwärter vom Panamakanal!"

FILZLÄUSE

Robby Graf war ein Mann der Wirtschaft, und es tat ihm daher zutiefst weh, daß der Bau des Kraftwerks Hainburg in der Zeit der Regierung Sinowatz/Steger am Widerstand der Grünbewegung scheiterte. Auch als er 1986 Wirtschafts- und Bautenminister wurde, konnte er den verfahrenen Karren nicht mehr flottkriegen, obwohl es natürlich inzwischen auch Gutachten gab, die sich für den Bau aussprachen. Zu diesem Streit der Experten angesprochen, meinte Graf zum ORF-Reporter Roland Adrowitzer: „Herr Doktor, es war schon immer so, daß Sie jedes Gutachten haben können, je nachdem, wer es in Auftrag gegeben hat. Zum Beispiel schadet Wanzenpulver den Filzläusen oder es nährt sie!"

DAS GEHALT

„Robby" Graf war im positiven Sinn ein Ämtermulti. Er vertrat die burgenländischen „Schwarzen" im Nationalrat, war der Chef der Wirtschaftskammer in Eisenstadt und erfolgreicher Direktor des ÖVP-nahen Wirtschaftsverlages. Als er Minister wurde, mußte er auf einen Teil dieser Funktionen – und damit auch auf die Einkünfte daraus – verzichten. Der frühere ÖVP-Obmann Taus tröstete ihn: „Bist ja a sparsamer Mensch. Saufen tuast net, Freundin hast a kane, wirst dir das schon leisten können."

DER CHARLY

Noch einen möchte ich Ihnen, verehrter Leser, in Erinnerung rufen: den einstigen Innenminister und SPÖ-Zampano Karl „Charly“ Blecha. So farbig wie seine politisches Leben sind auch die folgenden Schnurren.

AUGENLICHT 1

Blecha ließ gern beim sogenannten „Augenlicht“ schwören. Das erste Mal 1978, als zu seiner größten Überraschung Gerd Bacher wieder an die ORF-Spitze zurückkehrte (dazu die Schlagzeile in der KTZ, der „Kärntner Tageszeitung“: „Kreisky in Paris, Benya in Sofia, Bacher im ORF“), ließ er die sozialistischen Kuratoren beim Augenlicht ihrer Kinder schwören, daß sie Gerd Bacher nicht gewählt hätten. Frido Hütter schrieb ein Jahr später in der „Kleinen Zeitung“: „Da bis heute kein auffälliges Erblinden von Kindern im Raum Wien registriert wurde, ist Karl Blecha bei der Verrätersuche bisher erfolglos geblieben.“

AUGENLICHT 2

Bei einer journalistischen Ehrung stellte Blecha den Lucona-Aufdecker Gerald Freihofner, der ihn jahrelang mit seinen Vorwürfen verfolgt und wesentlich dazu beigetragen hatte, daß diese unrühmliche Causa der österreichischen Innenpolitik vor Gericht kam, mit folgenden Worten: „Und, daß i mit der Lucona nichts zu tun hab’, des schwör i beim Augenlicht meiner ‚Gundi‘.“

PS: Gundi Blecha ist Lehrerin in einer Blindenschule.
PPS: Karl Blecha wurde im besagten Prozeß verurteilt.

KOBERER

Gelegentlich bevölkerte Blecha auch den Bauer-Gustl, das Stammlokal von Helmut Zilk. Man war bei bester Stimmung, der Sommer heiß, der Durst dementsprechend groß, als nach halb elf eine Funkstreife aufkreuzte: „Ihna Schanigarten is no voll!“ Gustls trockene Antwort: „Meine Gäst a.“
Damit gaben sich aber die „Herren im grünen Frack“ nicht zufrieden. Doch der Bauer-Gustl wußte eine akkurate Antwort: „Durt“ – er deutete auf den Innenminister – „steht eh euer Koberer. Redt’s mit eam.“
Die Streife zog ab.

TEUFELSAUSTREIBUNG

Um den „roten“ Club 45 ranken sich viele, zum Teil wilde Gerüchte – im Prozeß gegen Udo Proksch konnte ja nur ein Zipfel davon gelüftet werden. Das Gebäude, es war ursprünglich mit einem Kredit der damals noch „schwarzen“ Girokredit gekauft worden, landete nach dem Prozeß und nachfolgenden Besitzerwirren wieder im „schwarzen“ Lager: bei Raiffeisen. Doch während Udo Proksch an einem Ölgemälde des jungen Kaiser Franz Joseph noch seine Schießkünste erprobt hatte (die Löcher sind nur notdürftig gekittet), hielt mit Raiffeisen-Chef Christian Konrad wieder Zucht und Ordnung Einzug.
Bei der feierlichen Eröffnung im April 1996 wurde zuerst „Großer Gott wir loben dich“ angestimmt, dann zog Fernsehpfarrer „Gustl“ Paterno durch alle Räume, um mit Weihwasser den „Teufel“ aus den letzten Ritzen auszutreiben.

PS: Weitere Episoden zu diesem Kapitel unter „Der neue Adel“.

DIE KASSANDRA

Es geht hier nicht um die Tochter des Trojanerkönigs Priamos, deren Weissagungen nach dem Wunsch Apollons niemand glauben sollte, sondern, da wir uns in einem Anekdotenband über die Zweite Republik befinden, um den ÖVP-Finanzminister und späteren Präsidenten der Nationalbank, Stephan Koren, der wegen seiner düsteren politischen Prophezeiungen, die leider eintrafen, diesen Beinamen erhielt. Korens überragender Intellekt ließ ihn zum Zyniker werden, sonst hätte er wohl seine Umgebung nicht ertragen, wie das folgende Beispiel zeigt.

VERLORENE ZEIT

Koren, der ursprünglich nicht einmal Mitglied der Volkspartei war, hatte zeitlebens kein spannungsfreies Verhältnis zu seiner ÖVP. Vor allem das Niveau seiner Parteifreunde quittierte er gelegentlich mit beißendem Spott. So bemerkte er einmal: „Mit dem N. N." – einem sehr wortreichen jungen

Politiker, der in letzter Zeit für Schlagzeilen sorgte – „habe ich mich gestern zum Essen getroffen. Es war nicht nur schade um das Geld, sondern vor allem um dic Zeit.“

SCHICKSAL

Bei einem Zeitungsinterview eröffnete der Journalist das Gespräch mit den Worten: „Herr Professor, Sie werden immer als Kassandra bezeichnet. Ganz abgesehen davon, daß die Kassandra immer recht behalten hat ...“ Koren unterbrach ihn: „Sie ist nur erschlagen worden, wie Sie wissen ...!“

ABLAGE

Nochmals Koren; jetzt aber schon als Präsident der Nationalbank. Bei den diversen Schillingaufwertungen der siebziger Jahre entstand folgendes Ritual: Nach Bekanntgabe der Aufwertungsspanne pilgerte stets eine Delegation von Funktionären der Industrie zuerst zu Finanzminister Androsch, dann zum Notenbankchef, um gegen die schädlichen Folgen des „harten Schillings“ für die Wirtschaft zu protestieren. Koren schmetterte die Klagen der Funktionäre stets mit unwiderlegbaren Argumenten ab. Nach mehreren derartigen erfolglosen Protestgängen schlug er den frustrierten Abgesandten der Industrie folgendes Procedere vor: „Sie schicken mir am Montag nach einer Schillingaufwertung ein Protestschreiben. Damit haben Sie die Pflicht gegenüber Ihren Mitgliedern erfüllt. Ich lege es vereinbarungsgemäß in die Schreibtischlade, und wir reden nicht mehr darüber.“

LUEGER

„Heini“ Neisser verdient es auch, in einem solchen Buch festgehalten zu werden. Der Zweite Nationalratspräsident ist nicht nur ein scharfer analytischer Kopf, er besitzt auch viel Humor und ist ein blendender Stimmungsmacher.

In seiner politischen Sturm- und Drangzeit forderte Neisser 1969 als Staatssekretär von Josef Klaus in einem parteiinternen Reformkonzept, den ÖVP-Proporz zwischen den Bünden dem gesellschaftlichen Wandel anzupassen und von 1:1:1 auf 3 (AAB):2 (WiBund):2 (Bauernbund) zu ändern. Die gesamte Parteispitze war versammelt, auch die Bündechefs von Rudolf Sallinger bis Alfred Maleta. Don Alfredo, wie Maleta genannt wurde, hob an: „Der Lueger soll g'sagt haben, wer a Jud is, bestimm' i. Dem will ich mich anschließen: Wer a ÖAABler ist, bestimm' i."

Z WIE ZILK

Auch im „Ruhestand“ mischt er noch kräftig mit; vor allem hat er seine alten Berufe wiederentdeckt: Er ist wieder Gastgeber im Fernsehen („Lebenskünstler“ von Hans Joachim Kulenkampff bis Sir Peter Ustinov), er ist wieder Ratgeber für alle Schwierigkeiten des Lebens, als Ombudsmann in der „Krone“, und er ist immer noch (Reserve)Bürgermeister von Wien. Die schreckliche Tat und das Alter haben ihn etwas abgeklärter gemacht. Wirklich Ruhe wird er erst am Zentralfriedhof geben, in einem Ehrengrab der Stadt Wien. Gott gebe ihm aber, schon für die Karikaturisten und Anekdotensammler, ein langes Leben. Daher folgt nun eine Mischung von wahren Begebenheiten aus allen Lebensabschnitten des Helmut Zilk.

WIEN IST ANDERS

Was viele bereits als Drohung verstehen, wenn sie an den Stadteinfahrten die mächtigen Tafeln sehen, dürfte zumindest in einem für Wien wesentlichen Punkt stimmen: bei den Hunden. Als sich die Amtszeit von Helmut Zilk dem Ende zuneigte, zog er vor der Presse auch Bilanz über eine seiner auffälligsten Taten: die Gründung einer Hundekommission. Schon vorher hatte Zilk aus Paris drei Motorräder zu Testzwecken kommen lassen, die dortselbst – mit großem Erfolg übrigens – die Hundstrümmerln rasant aufsagten.
In Wien – siehe der Titel – funktionierte das aber nicht.
Kommentar des Bürgermeisters:
„Drei Hundescheißmotorräder hätten wir uns in Wien auch noch leisten können. Was heißt drei? Eine ganze Flotte!" Und nach einem selbstzufriedenem Blick in die Journalistenrunde: „Rot-orange, hinten mit einem Dackel d'rauf, mit dem Stadt-Wien-Emblem um den Hals. Aber es ging leider nicht. Der Test war nicht erfolgreich. Die Hundstrümmerln waren nicht fest genug." Eine kleine, nachdenkliche Pause: „Vielleicht fressen die Wiener Hund' was anderes."

DIE FAHRRADPARTIE

Helmut Z. fuhr eine Zeitlang demonstrativ mit dem Dienstfahrrad des Wiener Magistrats auf Inspektion in die City. Bevorzugte Strecke: Rathaus – Judenplatz; dort an der Ecke steht nämlich sein Stammbeisel, der Bauer-Gustl. Stets dichtauf sein (bürgerlicher) Pressesekretär Christoph Ronge, das dienstliche Handy am Rad festgeschnallt.
Sobald Zilk, mit dem Fahrrad von der Bognergasse kommend, mit dem Drahtesel um die Ecke auf den großen Platz Am Hof bog, verschwanden die Feuerwehrmänner gegenüber von den Fenstern. Und das hatte einen einfachen Grund: Wenn der Bürgermeister nämlich einen seiner Mannen sah, winkte er ihn zu sich: „Geh', bring ma des Radl z'ruck ins Rathaus."
Die Strecke hin ging's ja noch einigermaßen bequem. Den

Rückmarsch in die Feuerwehrzentrale mußte der wackere Mann allerdings zu Fuß bewältigen.

DER F(R)EIND

Helmut Z. ist zur letzten Ordensverleihung seiner Amtszeit angetreten. Der Kreis der Eingeladenen ist handverlesen, denn der zu Ehrende ist ja nicht irgend jemand. Erhard Busek ist das „Opfer". Er hat sich zwar jegliche inländische Ordensverleihung verbeten – sogar das „Große Goldene am Band" durch den Bundespräsidenten ausgeschlagen –, dem Flehen des Wiener Bürgermeisters kann sich aber keiner, nicht einmal E. B. entziehen. Zilk mit ausnahmsweise sanfterer Stimme: „Du und der Mauthe habt's die Grätzl-Aktivitäten erfunden. Am Anfang hab' i gar net g'wußt, wie man dös schreibt." Darauf Busek: „Wer zu früh kommt, den bestraft der Wähler. Ist mir schon ein paarmal passiert." Und zur Verwertung fremder Ideen durch Z.: „Bezüglich des Eigentumsbegriffes warst du immer ein Sozialist. Mehr noch, nach einiger Zeit warst du felsenfest überzeugt, daß das von dir war."

SORGENKIND

Als dem Helmut Zilk sein Erhard Busek abhandengekommen war, der nach seiner Abwahl als Wiener ÖVP-Obmann 1989 in die Bundespolitik gewechselt hatte, klagte Zilk: „Ich hab' da ein unglaubliches Vermissungserlebnis gehabt. Die Sorgenkinder wachsen einem ja besonders ans Herz."
Erhard B. gab's Helmut Z. bei dessen Abschied aus der Politik im Herbst '94 zurück: „Die Courtoisie verbietet es, dir dieses Kompliment zurückzugeben, im Hinblick auf mein derzeitiges Visavis in der Bundesregierung."

ERSTE BEGEGNUNG

Seine erste Begegnung mit seinem Nachfolger Michael Häupl schilderte Zilk folgendermaßen: „I bin als Kulturstadtrat vom damaligen Bürgermeister ‚Poldi' Gratz zu einer Demonstration der SJ (Sozialistischen Jugend) gegen die Verbauung der Steinhofgründe geschickt worden. Der ‚Poldi' hat g'sagt, des is a riesengroße Demonstration, du mußt die überzeugen."
Der riesige Protest entpuppte sich schließlich als Versammlung einiger weniger SJ-Mitglieder, unter ihnen Häupl.
„Aber statt daß i die Verbauungsgegner überzeugt hätt', bin i selbst vom Saulus zum Paulus geworden."

POPULIST

Ein Freund traf Helmut Z. und fragte ihn schlicht und geradeheraus, was er über seinen Nachfolger Häupl denke. Und Zilk war auch nicht um eine Antwort verlegen: „I' hab' erst unlängst mit'n Hansl Mayr d'rüber g'redt. Wir san sehr enttäuscht über den Weg, den der Michel geht." Kurze Pause: „Na guat, i hab' eam ja g'macht. Aber der is ja jeden Tag in der Zeitung. Der is ja a Populist!"

DIE „JETTI-TANT'"

Als der „Helmerl" 1995 wieder dort anknüpfte, wo er vor einundzwanzig Jahren, nach seiner Ablöse als Fernsehdirektor, aufgehört hatte, nämlich als TV-Gastgeber, wurde er gefragt, wen er am liebsten in seiner neuen Talk-Show im 19. Stock des Wiener Ringturmes präsentieren würde.
„Die Jetti-Tant'", lächelte Helmut Z. versonnen. „Eigentlich is' ja a Erfindung vom Teddy Podgorski für den einfachen Fernsehzuschauer." Und nach einer seinen seltenen Pausen: „Die Jetti-Tant' im Gespräch mit dem Onkel Helmut, das wär's!"

DER EINSTAND

Zurück zu den Anfängen. Gerd Bacher, frischgewählter ORF-Generalintendant, habe ihn gegen den Widerstand der Politik, genauer der ÖVP, zum Fernsehdirektor gemacht – das werde er ihm nie vergessen, betont Zilk in einem Atemzug.
„Die Geschichte war so: Der Bacher hat dem damaligen Bundeskanzler Josef Klaus ‚das Messer angesetzt'. Wörtliches Zitat Bacher: ‚Entweder ich mache es mit Zilk oder gar nicht.' – ‚Dann nehmen S' ihn halt', hat der Klaus schließlich nachgegeben."
Dann sei es zum ersten Vorstellunggespräch bei Klaus gekommen. Der habe ihm gleich nochmals versichert, daß er es

gar nicht möge, „daß wieder ein linker Roter", ein „Freimaurer" gar, Fernsehdirektor werde. Klaus habe ihm allerdings gleichzeitig versprochen, „sich nicht zu beschweren und zu intervenieren", erinnert sich Zilk, „und er hat das gehalten."

PS: Hoffentlich lesen das viele Politiker unserer Tage.

DER ANTI-ALKOHOLIKER

Das Bürgermeister-Ehepaar, also Dagmar Koller und ihr Helmut, standen abwechselnd im Mittelpunkt des medialen Interesses.
So brachte etwa die deutsche Bunt-Postille „Praline" ein Porträt der Sängerin. Darin war über die Vorlieben des prominenten Paares folgendes zu lesen: „Ich (Dagmar K.) gehe gerne Schifahren und er (Helmut Z.) setzt sich in die Hütte und säuft." Mit diesem schönen Zitat mußte natürlich auch der österreichische Zeitungsleser vertraut gemacht werden. F. F. (Franz Ferdinand) Wolf, damals Chefredakteur der „Wochenpresse", übernahm diese Aufgabe. Worauf er kurz danach das donnernde Organ des Bürgermeisters im Telefon vernahm: „Was schreiben S' des nach, was die deutschen Schmierfinken da erfunden haben. So redt doch die Dagi net. Und außerdem, Sie wissen ja, daß i nix drink!"

DER KLASSENVORSTAND

Gelernt hat Helmut Z. das Handwerk des Lehrers. Zunächst an Pflichtschulen, dann, nach dem Studium der Psychologie und Germanistik, unterrichtete er als Professor für Pädagogik an einer Bundeslehrerbildungsanstalt. Zu seinen prominentesten Schülern zählen: der einstige Vizekanzler Dr. Norbert Steger, ÖGB-Vizepräsident Neugebauer, ORF-Redakteur und Militärfachmann Walter Seledec. Viele dieser Schüler sagen auch heute noch respektvoll Herr Professor und nicht Herr Bürgermeister zu ihm.

Norbert Steger war ja ein bekannter Nachtvogel, in vielen Lokalen der Innenstadt anzutreffen, so auch in einer Bar unweit der bürgermeisterlichen Wohnung in der Naglergasse. Eines Tages stieß ebendort H. Z. auf seinen einstigen Schützling, gerade Alkohol konsumierend: „Schüler Steger“, schnarrte er ihn an, „stellen Sie das Glas weg, wenn Ihr Klassenvorstand kommt.“

VERGELT'S GOTT, HELMERL

Helmut Zilks Verhältnis zur SPÖ ist auch in einem Anekdotenband ein eigenes Kapitel wert. Dabei ist das Vorzeichen unter dem Strich positiv: H. Z. hätte ohne Partei nie diese Karriere gemacht, die (Wiener) SPÖ wiederum konnte durch seine Persönlichkeit den Wählerschwund lange stoppen. Auf Parteitagen verhielt er sich allerdings meist wie ein Gast, der durch demonstrative Beiläufigkeit auffiel. Und Erhard Busek nannte ihn sogar keck den „ersten Nichtsozialisten auf dem Posten des Wiener Bürgermeisters“. Die Partei war böse, weil er mit dem „Hort der Reaktion“, dem konservativen Gerd Bacher so gut konnte und brachte ihn 1974 um seinen über alles geliebten Job als Fernsehdirektor – das hat er ihr nie verziehen. Nichts liebte Zilk daher mehr, als die eigenen Genossen zu ärgern. Beispiele gefällig?

EISVERKÄUFER

Als Peter Marizzi, später noch unglücklicherer SPÖ-Zentralsekretär, in der von Jörg Haider angezettelten Ausländerdebatte seiner Partei helfen wollte und sich dabei an dem Satz vergriff: „Das Boot ist voll!“, erteilte ihm Helmut Zilk zuerst Geschichtsunterricht: „Dös lernt ja jedes Kind in der Schul', daß des die Schweizer waren, als sie kane Juden aufnehmen wollten . . .“ Dann griff er aber zu einer viel subtileren Waffe des Spotts. Er ließ den Ternitzer in der ganzen Stadt als eingebürgerten Eisverkäufer mit dem Slogan affichieren: „Was täten wir ohne Marizzi?“

DIE BELEHRUNG

Nachdem der Personalberater DDr. Bernhard Görg im zweiten Anlauf doch noch Politiker geworden war und die Führung der Wiener ÖVP übernahm – im ersten war er Erhard Busek unterlegen –, machte er seinen Antrittsbesuch bei Helmut Zilk. Da erlebte er erstmals des Bürgermeisters Direktheit pur: „Herr Doktor, wir werden uns beide guat verstehen. Sie san von lauter Trotteln umgeben und i a. Aber des muaß unter uns bleiben.“

RETOURKUTSCHE

Görg gab bei anderer Gelegenheit zu verstehen, was er vom Kommunikationstalent Zilk hält. Wörtlich: „Zilk könnte sogar bei einer gemeinsamen Versammlung von Kälbern und Fleischhauern bestehen. Er würde genial das Lob des Rindfleischgenusses mit dem Verdammen der Viehschlachtung verknüpfen."

PS: Zur Ehre der beiden muß gesagt werden, daß dieses Zitat aus der Zeit vor dem Rinderwahn BSE stammt.

GESCHEITERT

Das Verhältnis zur ÖVP war auch unter Zilk ein Buch mit vielen Siegeln. Manchmal sind die Parteispitzen auch am Fußvolk hängengeblieben, wie sich Helmut Zilk erinnert: „Im Wirtshaus Adam samma g'sessen, der Mayr, der Busek, der Mauthe und i. Da hamma die Koalition im Wiener Rathaus beschlossen. Leider sind wir in unseren Parteien damit gescheitert."

GENOSSEN & SEKRETÄRE

„Ironimus“ zeichnete sie vier Jahrzehnte mit drei Pfeilen im Sportkappl: die „echten“ Genossen. Unter Franz Vranitzky verwendete man die traditionelle Anrede nur mehr an „sozialistischen Feiertagen“ wie dem 1. Mai oder auf Parteikongressen. Und die Roten Falken hatten in den neunziger Jahren beim Lied der Arbeit bereits mehr Textschwäche als der Klassenfeind Erhard Busek. Der sang's – zur hellen Freude von „Staberl“ – aus voller Kehle. Ja, so wandeln sich die Zeiten. Die Anekdote soll sie uns zurückholen.

VERNICHTUNGSTRATEGIE

Wir beginnen in der Frühzeit der „Sozis", und die folgende Anekdote stammt von niemand Geringerem als Anton Benya, den man wohl – mit Respekt und Anstand – als Obergenossen bezeichnen kann.
Es war bei einer der frühen Sitzungen der später legendären Paritätischen Kommission. An der Spitze der „Roten" stand „Schani" Böhm, erster Nachkriegspräsident des Gewerkschaftsbundes. Die „Schwarzen" waren mit dem damaligen Präsidenten der Bundeskammer, Julius Raab, die Gastgeber. Nach den ersten Wortgefechten meinte Böhm zu Raab: „Seid's scho so stier, daß kan Kaffee bei euch gibt?" – Raab brummte: „Was wüst denn für an?" – „An Schwarzen, daß es weniger werd's", konterte Böhm. Drauf Raab lachend: „I trink vü Roten, aber hab no nix bei euch bemerkt."

DER REVOLVER

Lohnverhandlungen der „Metaller". Inzwischen heißt das Spitzenduo der Sozialpartner Raab-Ohla, aber der Benya-Toni steht bereits auf dem Sprung dahinter. Es spießt sich ordentlich – die Unternehmer wollen nicht nachgeben. Da drohen die Metaller mit Streik. Die Industrie gibt nach. Benya zu Raab: „No, Herr Präsident! Es geht do, wan's es wollt's." Raab einsilbig: „Ja, weil Sie uns an Revolver ang'setzt ham."

BÜHNENREIF

Anton Proksch, seit 1945 Generalsekretär des ÖGB und zwischen 1956 und 1966 Sozialminister, mit dem Markenzeichen einer spiegelnden Vollglatze, war ein gefürchteter, aber auch begehrter Redner. Bei einer Versammlung im Eisenstädter Theater wurde er informiert, daß während seiner Rede noch hinter der Bühne für die Abendveranstaltung gearbeitet werden müsse. Proksch begann seine Ansprache hinter

einem Pult, das genau in Bühnenmitte stand. Zur Verblüffung der Zuhörer rückte das Pult plötzlich einen Meter nach rechts, dann noch einen Meter. Schließlich entfernten sich Pult samt Redner – Proksch war nur mehr von hinter dem Vorhang zu hören.
Als ihn der Bühnenarbeiter erblickte, der händisch die Kurbel betätigte, packte ihn das Entsetzen, und in hellster Panik kurbelte er wie verrückt den Minister zurück. Der erschien aber plötzlich auf der anderen Seite der Bühne. Nach einer Notbremsung stand endlich das Pult wieder in der Bühnenmitte still. Proksch redete unbeeindruckt die ganze Zeit. Schließlich meinte er trocken: „Ihr habt wohl geglaubt, der Proksch tritt ab. Aber ein Proksch geht nicht so leicht von der Bühne ab."

GEBREMSTER AUFSTIEG

Karl Sekanina, mächtiger Gewerkschaftsboß und späterer Bautenminister, holte in Abendkursen seinen höheren Schulabschluß nach und machte die Matura. Anton Benya zu seinem Schützling: „Aber Doktor machst kan, sonst kan i di net aufbaun in der Partei."

LANDESSPRACHE

Der „Noricum"-Prozeß war eine der dunkelsten Stunden für die SPÖ. Auf der Anklagebank saßen immerhin der einstige Kanzler Fred Sinowatz und zwei ehemalige Minister, nämlich Außenminister Leopold Gratz und Innenminister Karl Blecha.
Vor allem der asketische Staatsanwalt Sittenthaler bohrte und piesackte den armen Fred S. Es ging um den Bericht eines Geheimdienstmannes an die Botschafter in Damaskus, aus dem zu entnehmen war, der Kanzler habe sich bei seiner Nahostreise mit einem Mitglied des Königshauses in Riad unter vier Augen lang über den Verkauf der umstrittenen Noricum-Kanonen unterhalten. Leopold Gratz an den Rich-

ter: „Ich bitte, die Frage stellen zu dürfen, geht aus dem Bericht hervor, in welcher Sprache sich der österreichische Bundeskanzler und der saudiarabische Kronprinz unter vier Augen unterhalten haben."

LAUTSTÄRKE

Hertha Firnberg ist diese Geschichte gewidmet; aber wie so oft bei Anekdoten mischt wieder Bruno Kreisky mit. Die Grande Dame der SPÖ lag trotz ihrer massiven Reformen des Hochschulwesens öfter mit der ungeduldigen Jugend ihrer Partei im Clinch. Als Josef Cap, damals noch Studentenfunktionär, wieder einmal Unzufriedenheit äußerte und mit Demonstrationen drohte, meinte Firnberg gelassen: „Kein Problem, demonstriert's nur ruhig. Überall, aber nur nicht am Minoritenplatz." – „Warum gerade da nicht", wollte Cap wissen, „wo denn sonst als vor dem Ministerium sollen wir protestieren." – „Weil", versuchte Firnberg zu erklären, „wenn's wieder recht laut wird, ruft der Kreisky an und schimpft: ‚Kummst net zu Rand mit den Studenten, Hertha!'"

DER ZENTRALSEKRETÄR

Wenn es je einen Zentralsekretär der SPÖ gab, auf den der Begriff wie maßgeschneidert paßte, ein zentraler Sekretär zu sein, dann war das Fritz Marsch. (Später wurde diese Funktion in Bundesgeschäftsführer umgetauft; der erste „Führer" hieß Josef Cap.) Der gar nicht proletarisch, eher pastoral wirkende Marsch war der ideale Verkünder der Niederlage. Bevor es noch die elektronischen Rechenkünste von Professor Bruckmann im Fernsehen gab, ersetzte Fritz Marsch die Hochrechnung. Wenn sein markant geschnittenes Gesicht ins Bild kam, wußte man in dieser Sekunde, daß die SPÖ verloren hatte. Erschien hingegen das rundliche Gesicht des großen Vorsitzenden Kreisky, war allen klar, daß sich ein Sieg ankündigte.

BUCHSTABENSPIELE

Der Name Marsch provoziert natürlich böse Buchstabenspiele. Ich will Ihnen aber nur zwei ausgesuchte präsentieren, die nicht zu platt sind.

Speziell zu Parteitagen spuckten die Fernschreiber seitenlange Erklärungen der General- und Zentralsekretäre aus – jetzt passiert's elektronisch. Um den normalen Betrieb nicht allzusehr zu stören, gibt man diese Ergüsse des Parteijargons in Fortsetzungen heraus.

So geschehen auf einem Parteitag der SPÖ in den siebziger Jahren. Die erste Aussendung der Sozialistischen Korrespondenz begann korrekt mit: „Marsch 1", es folgte „Marsch 2", dann „Arsch 3" und schließlich „Arsch 4". In der Hektik des Tages wäre das wohl kaum einem Redakteur aufgefallen. Erst als folgende Korrektur der SK lief, kam es zu Lachstürmen. Dort stand knapp zu lesen: „Arsch 3" und „Arsch 4" müßten richtig „Marsch 3" und „Marsch 4" heißen.

HOHE AUSZEICHNUNG

Fritz Marsch vertrat auch seinen Herrn und Meister Bruno Kreisky im Aufsichtsrat des ORF. Dort sollte er den „Wauwau“ gegen den konservativen Gerd Bacher spielen. Doch dieser erste Aufsichtsrat nach dem neuen Rundfunkgesetz der Ära Klaus war noch nicht so vollgerammelt von Parteisekretären, wie es das heutige ORF-Kuratorium ist. Damals vertrat etwa die SPÖ auch ein Künstler vom Zuschnitt eines Fritz Wotruba, dem die Parteipolitik wurscht, die Liebe zur Kunst alles war. Als wieder einmal Fritz Marsch gegen mehrere Reformvorhaben von G. B. auftrat, meinte Wotruba sarkastisch: „Genosse Marsch, du bist für mich der wichtigste Träger des Buchstaben M!“

JUNGGENOSSE

Zu denjenigen, denen man wahrlich nicht vorwerfen kann, der Aufstieg der Sozialdemokratie zur herrschenden Klasse hätte sie verführt, sich von ihren proletarischen Wurzeln zu entfernen, zählt unbestritten der einstige SJ-Chef und nunmehrige Wiener Stadtrat Johann Hatzl. Nachdem er relativ jung in den Nationalrat eingezogen war, stellte ihm die listige Elisabeth Horvath von der „Wochenpresse“ die Frage, wie er sich fühle, gestern noch Berufsrevoluzzer, heute junger Politaufsteiger.
Hatzl: „I bin ka Politaufsteiger.“ – Horvath: „Was stört Sie so daran?“ – Hatzl: „No jo, a Politaufsteiger is a junger Mensch im Hintern von an Politiker, der hofft, daß er im richtigen Hintern is.“
Das sorgte natürlich in der Wiener SPÖ für große Aufregung, die sogar ans Ohr des großen Vorsitzenden Kreisky drang. Er bestellte den Aufmüpfigen zum Rapport. Mein Gewährsmann berichtet, daß sich beide nach einem langen Gespräch lachend verabschiedeten.

PS: Ob das heute auch noch so wäre?

DAS FAX

Während die Parteivorsitzenden der SPÖ im Personalkarussel der heimischen Innenpolitik fast ein Hort der Ruhe sind, blieb der Posten des roten Zentralsekretärs von Turbulenzen nicht verschont (Vranitzky verbrauchte in seinen zehn Amtsjahren bereits zwei Zwillingspärchen: Keller/Sallaberger und Cap/Marizzi). Letzterer stolperte über eine mysteriöse Abhöraffäre im Bereich des Waffenhandels. Dazu ein passendes Histörchen mit spannendem Dialog.

Es ging um den Ankauf von Boden-Luft-Raketen für unser Bundesheer. Dem „Grünen" Peter Pilz waren wieder einmal brisante geheime Unterlagen zugespielt worden. Vor der entscheidenden Sitzung des Landesverteidigungsrates rief er Marizzi an: „Du, ich habe eindeutige Beweise, daß bei dem Waffen-Geschäft Korruption im Spiel ist. Darf i dir die schicken." – M.: „Na, dann schick' mas net." – P.: „I schick dir's auf jeden Fall." – M.: „I nimm's aber net." – P.: „Dann fax's is dir." – M.: „I gib da net die Nummer." – P.: „Die hab i eh." – M.: „Wenn du mir's faxst, fax's i dir's z'ruck."

RAUCHER

Marizzis Zwilling Josef Cap war schon als Juso-Chef ein militanter Kritiker der alpenländischen Streitmacht. In einer

Sitzung des SPÖ-Parteivorstandes stellte er namens der „Jung-Roten" den Antrag, es sollten in Zukunft keine Panzer mehr auf Schulhöfen auf- und ausgestellt werden. Eben zu dieser Zeit sorgte die Raucherlaubnis für den heimischen Nachwuchs in Schulen für öffentlichen Disput. In diesem Sinne ergriff auch Gewerkschaftspräsident Anton Benya das Wort: „Wan's rauchen können, kennen's a auf die Panzer kraxeln." Der Antrag war damit abgelehnt.

ROTES MASCHERL

Er war einmal eher ein aufmüpfiger Junggenosse, auch wenn man's erst auf den zweiten Blick wahrhaben will: Leopold Gratz, später „Leopold der Gütige" genannt. Beim Klagenfurter SPÖ-Parteitag sollte er die alte Garde der Zentralsekretäre ablösen, das Duo Piberger/Liwanec. Gratz erschien dort, längst vor der Zeit, als Wolfgang Schüssel das Mascherl in der Politik salonfähig machte, mit einem „Gurgelpropeller". Als ihn Alt-Genosse Liwanec so sah, schlug er die Hände zusammen: „Wie schaust denn du aus? Geh ins Hotel und ziag di anständig an!"

HAPPY PEPI

Er zählte zu den angenehmsten Erscheinungen der neuen Klasse, die mit Bruno Kreisky ans Ruder kam, der Zentralsekretär der Chemiegewerkschaft, Dr. Josef Staribacher. Dabei hatte es das Leben mit ihm nicht nur positiv gemeint. Wegen seiner politischen Ansichten sperrten ihn die Nazis ins KZ Buchenwald. Seine Grundstimmung war aber immer optimistisch, Kritiker meinen zu rosarot, was ihm bald den Spitznamen „Happy Pepi" eintrug. Zum Beleg dafür zwei typische Schnurren.

'S PAPPERL

Staribacher, der wirklich an und mit der Basis aufgewachsen war, wußte stets um die Sorgen des vielzitierten „kleinen Mannes" Bescheid. Sein Credo faßte er einmal so zusammen: „Politisch brauchen wir uns kane Sorgen machen. I waß schon, was die Wähler wollen: 's Papperl und 's Wagerl!"

TANKFÜLLUNG

In „Staris" Amtszeit fiel auch der „erste Erdölschock", dem der Minister mit dem vielgelästerten autofreien Tag begegnete. Das erste „Pickerl" war geboren, dem noch viele – siehe das „Parkpickerl" in Wien – folgen sollten. Als ein Journalist Staribacher fragte, ob nicht die Arbeiter angesichts des enorm gestiegenen Erdölpreises bald murren würden, meinte der „Happy Pepi": „I hab mit a paar g'redt. Die tanken ohnehin immer um an Hunderter."

DER TONI-ONKEL

Anton Benya ragt bis in die neunziger Jahre als Monolith der sozialistischen Hochblüte der Zweiten Republik hinein. Die anderen Paladine aus der Alleinregierung Kreisky sind schon tot, wie Christian Broda, Otto Rösch und Hertha Firnberg, oder ließen bereits den Sohn politisch arbeiten, wie Josef Staribacher. Und die Kronprinzen, Leopold Gratz und Hannes Androsch, wurden noch von Kreisky aus dem Ring gedrängt. Der Präsident blieb auch nach Kreisky weiter Präsident. Ganz nach dem Slogan: Einmal Präsident, immer Präsident. Was aber im ÖGB oder im Parlament dank der absoluten Mehrheit glatt ging, bescherte ihm bei Rapid oder im Konsum arge Probleme. Er verstand am Ende die Zeit und die Welt nicht mehr.

ALTE ADRESSE

Am Weltspartag 1995 trifft der einstige Präsident des Konsum-Aufsichtsrates Anton Benya (83) den Konsum-Abverkäufer Hans-Jörg Tengg (48). Freundschaftliches Händeschütteln zwischen den ungleichen Männern. Benya zu Tengg: „Sie machen des sehr guat!“ Kurze Pause. „I versteh' bis heute net, wie des soweit kommen hat können?“ Wieder kurze Pause. „Kann i mit Ihnen amal drüber reden?“ – „Selbstverständlich, Herr Präsident.“ – „Wo sind S' denn zu erreichen?“ – „Im Konsum, Herr Präsident!“

DER UNTERSCHIED

Angehende Manager lernen am besten aus der Praxis. Unter diesem Motto luden die Studierenden an der Niederösterreichischen Landesakademie in Krems den wuchtigen Konsum-Sanierer Hans-Jörg Tengg ein. Dabei wurde er so vorgestellt: „Was ist der Unterschied zwischen Hans-Jörg Tengg und Victor Adler? Adler war der erste Konsum-Genossenschafter, Tengg der letzte ...“

DER KALANAG

Über das Verhältnis der beiden großen Männer der Sozialdemokratie in den siebziger Jahren ist schon viel geschrieben worden. Daher war's nicht einfach, was Neues zu finden. Anton Benya hat mir dabei geholfen.

Der geradlinige Benya beneidete Kreisky oft wegen dessen Fintenreichtum. Als der SPÖ-Vorsitzende wieder einmal in einer verzwickten Sache mit einer überraschenden Aussage Freund und Feind verwirrt hatte, sagte Benya zu ihm: „Vor a paar Tag hast g'sagt, des geht nur so und so. Und jetzt geht's auf amal ganz anders. Du kumst ma vua wia da Kalanag (berühmter Zauberer in der Ersten Republik). Nur, wan i des machat, kunnt i in Huat nehma.“

WERTARBEIT

Eine Idee aus der Kreiskyschen Ankündigungswerkstatt war der sogenannte „Austroporsche“, also die Produktion eines österreichischen PKW ganz nach dem Vorbild des k.u.k. Autobauers Professor Ferdinand Porsche. Um seine Mitstreiter von der Idee zu überzeugen, flog Kreisky auf Einladung des Porsche-Sohnes Ferry mit der SPÖ-Führungscrew – Benya, Androsch, Staribacher und dem Präsidenten der Arbeiterkammer, Adolf Czettel – ins deutsche Werk nach Zuffenhausen. Als sie so durch die Montagehalle gingen, zupfte Anton Benya den Kanzler am Arm: „Schau, Bruno, des is alles no echte österreichische Wertarbeit.“ Demonstrativ sprachen sie einige Arbeiter an – keiner konnte ein Wort Deutsch.

DIE „EVABELER"

Sie haben die Nachkriegspolitik geprägt wie kaum andere „Stammesangehörige" in Österreich: die „Evabeler". (So spricht man in NÖ die ÖVP aus. Dort werden nämlich alle Konsonanten weich ausgesprochen. Auch der „Kaukau" wird so zum „Gaugau".) Die Liste ist lang und erfolgreich: Sie reicht von Leopold Figl bis Julius Raab, von Johann Steinböck bis Andreas Maurer, von Georg „Schurl" Prader bis Robert Lichal. Nachfolger sind keine in Sicht. Weder was die Trinkfestigkeit noch was die politische Standfestigkeit angeht. Alois Mock ist bereits eine Mutation: Er hat in der Nacht nicht Alkohol sondern Akten verschlungen und wurde erst als entthronter ÖVP-Obmann populär. Baden Sie also in Nostalgie – so etwas kommt nicht wieder.

DER „REVOLVER-HOFRAT"

Robert Lichal wollte – wie er mir persönlich anvertraute – eigentlich Schauspieler werden. Als es damit nichts wurde, ergriff er einen artverwandten Beruf: er wurde Politiker.
Ob er als Schauspieler erfolgreich geworden wäre, bleibt Ihrer Phantasie überlassen. (Eine überaus gelungene Talentprobe als Rezitator legte er übrigens Anfang 1996 im Heeresgeschichtlichen Museum ab.) Als Politiker brachte er es zu höchsten Ämtern, gehörte aber bereits einer aussterbenden Rasse an (siehe Einleitung). Selbst die „Stahlhelmfraktion", deren Aushängeschild er einst war, trägt inzwischen nur mehr den Innenhelm aus Pappmaché.

„KANONEN-ROBERT"

Als Politiker wird man rascher populär, wenn man einen Spitznamen hat. Als frischgebackener ÖVP-Sicherheitssprecher ließ sich Lichal von den Journalisten – wegen seiner besonderen Vorliebe für Schußwaffen (Lieblingsausdruck: mannstoppende Waffe) – den Spitznamen „Revolver-Hofrat" verpassen.
Nach zehn harten Jahren auf dem Oppositionsbankl winkte ihm endlich 1986 das langersehnte Regierungsamt. Es wurde aber nicht das von ihm so oft kritisierte Innenressort, das war ja traditionell rot, er mußte das Verteidigungsministerium übernehmen. Gleich kamen die Journalisten und fragten ihn, ob er nicht einen passenderen Beinamen wolle, da er es ja nun mit schwererem Kaliber zu tun habe. Lichal: „Ist schon passiert. Ich heiße jetzt ‚Kanonen-Robert'."

ORDNUNGSRUF

„Heini" Neisser, der Nachfolger Lichals im Präsidentenamt, bestätigte mir die folgende, auf den ersten Blick leicht schlüpfrige Geschichte. Doch im Kern ist sie arglos.

Kaum im Amt sah sich Lichal einem überaus kniffligen Problem gegenüber: dem Kauf der Draken-Abfangjäger; wobei die Gegner hauptsächlich im eigenen Lager, speziell in der Steiermark, saßen. Bei der ersten Klausur der neuen ÖVP-Ministerriege klagte denn Lichal auch sein Leid: „Ich kann das Wort ‚Draken' schon nicht mehr hören. In der Nacht wache ich schweißgebadet auf und meine Frau sagt, ich schrei' im Schlaf: ‚Draken, Draken'."

Heinrich Neisser hakte hier ein: „Gut, Robert, daß wir nicht den ‚Viggen' gekauft haben. Was hätte dann deine Frau gesagt, wenn du im Schlaf geplaudert hättest?" Dies rief nun wieder die neuernannte Familienministerin Marilies Flemming auf den Plan, die für Neisser wegen dessen ordinärer Bemerkung einen Ordnungsruf forderte. Schließlich wurde sie belehrt, daß Neisser nichts Ordinäres, sondern nur den SAAB-Viggen im Sinn gehabt hätte.

WEITGEREIST

Als er über die Draken-Kontroverse mit den Steirern – immerhin hatte einer der militantesten Draken-Gegner, der obersteirische ÖVP-Abgeordnete Paul Burgstaller, im Parlament einen Mißtrauensantrag gegen den eigenen Minister eingebracht – schon wieder lachen konnte, meinte Lichal: „Ereignisreich ist das Leben eines österreichischen Verteidigungsministers schon. Binnen weniger Wochen war ich im Kreml bei Gorbatschow, im Vatikan beim Heiligen Vater und in Graz in der Burg beim Landeshauptmann Krainer."

MASCHINENSCHADEN

Klassische Armeen haben drei Teilstreitkräfte: das Heer, die Luftwaffe und die (Kriegs-)Marine. Da gibt es Schlachtschiffe, Flugzeugträger, Kreuzer, Korvetten und Fregatten, Kanonen- und Minensuchboote sowie Versorgungsschiffe sonder Zahl. Das österreichische Bundesheer nennt insgesamt zwei Schiffe sein Eigentum (fachlich richtige Bezeichnung: Kanonenboote). Im Volksmund heißt diese Streitmacht „Donaumarine".

Verteidigungsminister Robert Lichal war vom sowjetischen Botschafter Schikin gebeten worden, seine Gattin möge als Patin das in Korneuburg gebaute Wolga-Schiff Smirnoff taufen. Standesgemäß fuhr das Ministerpaar vom Alberner Hafen stromaufwärts nach Korneuburg. Die Donau führte Hochwasser, was man aber nicht mit rauher See vergleichen kann. Als die Korneuburger Werft und die Ehrengäste bereits in Sichtweite waren, der Klang der Blasmusik schon über das Wasser schallte, setzte plötzlich der Motor aus. Das Boot wurde sofort manövrierunfähig und begann stromabwärts zu treiben.
Zuerst herrschte Ratlosigkeit an Bord. Dann wurde Frau Lichal eine Schwimmweste angelegt, Robert Lichal blieb als tapferer Befehlshaber des Heeres selbstverständlich auf der Brücke. Der Kapitän – bei einem so kleinen Boot begnügte

sich das BH mit einem Vizeleutnant – schmetterte das Kommando: „Anker werfen!“
Endlich ein Ruck; die Ankerkette spannte sich; das Boot bekam den Bug wieder stromaufwärts.
Der Vizeleutnant war verzweifelt. Noch nie war so etwas passiert, ausgerechnet jetzt, wo der Minister an Bord war, so ein Malheur! Auf einmal beginnt die Maschine wieder zu stampfen, der Anker wird gelichtet und der Stolz der Donaumarine läuft im Korneuburger Hafen ein.
Von Lichal nach der Ursache befragt, meldet der Unteroffizier verlegen: „Herr Minister, ein Nylonsackerl hat sich über den Auspuff gestülpt.“
Robert Lichals süffisanter Kommentar: „So leicht kann man die österreichische Marine außer Gefecht setzen!“

DAS GASTGESCHENK

Lichal hatte einen unerfüllten Traum: ein standesgemäßes Lufttransportmittel. Es mußte ja nicht die Air Force Number 1 wie für Reagan, Bush oder Clinton sein oder eine Luftwaffen-Boeing, wie sie Helmut Kohl benützt, aber den „Leukoplast-Bomber“ vom Typ Skyvan, der ihm zur Verfügung stand, den hielt er nicht für standesgemäß.
Nach einem Besuch bei seinem tschechischen Ministerkollegen meinte Lichal sarkastisch: „Wie mir mit der Skyvan gelandet sind, ham die ’glaubt, i bring glei mei Gastgeschenk mit, an Flieger fürs Heeresmuseum.“

MARSCHALL

Beeindruckt zeigte sich Lichal, daß unmittelbar nach seinem Besuch in der Sowjetunion der damalige Verteidigungsminister Dimitri Jasow vom Armeegeneral zum Marschall der Sowjetunion befördert worden war, was man – so Robert L. – normal nur in Kriegszeiten wird. Lichal triumphierend: „So wurde mein Besuch in Moskau gewertet!“

HÄFENELEGIE

Zu den konträrsten Typen der Großen Koalition zählten wohl Johanna Dohnal und Robert Lichal – da die Oberemanze, dort der Stahlhelmer. Trotzdem kam manchmal zwischen den beiden ein launiger Dialog zustande.
Es war in einer Verhandlungspause des „Noricum"-Waffenskandals. Dohnal warb bei Lichal um Unterstützung für eine frauenpolitische Sache.
Dohnal: „Diese ane Maßnahme no . . ." Lichal: „Geh, da sitz i ja scho im Häfen . . ." Dohnal: „Da kum' i di besuchen."
Lichal: „Aber mit an Brotlaib mit aner eingebackenen Feile."

DER VATER DER STAHLHELME

Lichals Ziehvater war Georg „Schurl" Prader. Und obwohl damals der Begriff von der „Stahlhelmfraktion" in der ÖVP noch nicht geprägt war, kann man den „Schurl mit der Blechhaub'n" wohl als das Gründungsmitglied dieser Prätorianergarde von unbeugsamen Parteisoldaten bezeichnen. Prader war aus dem Holz, aus dem Generationen niederösterreichischer „Evabeler" geschnitzt waren: volksverbunden, schlagfertig, manchmal auch grob und – was in dieser Gegend absolut notwendig war – trinkfest. Seine politische Hausmacht waren nicht die Soldaten, seine Truppe trug Besen und Schaufel: der Straßendienst der NÖ-Landesregierung. Womit wir bereits bei der ersten Anekdote wären.

CHANCENLOS

In Praders Besen-Truppe gab es nur eine Fraktion: den ÖAAB. Bei Personalvertretungswahlen meldete die Landeskorrespondenz stets triumphale Ergebnisse, die man nur aus Ostberlin oder Potsdam kannte: 98,9 oder gar 99,1 Prozent. Was den langjährigen sozialistischen SPÖ-Chef im Land un-

ter der Enns, Hans Czettel, zu folgendem resignativen Satz veranlaßte: „In Österreich kann ein Sozialist wohl Bundespräsident, nicht aber Straßenarbeiter in Niederösterreich werden!“

AUFGEPASST

Georg Prader, von Josef Klaus eben zum neuen Verteidigungsminister ernannt, stellt sich den Fragen der Journalisten. Einer will wissen, ob er auf die Offiziere und Unteroffiziere des Heeres auch so einen parteipolitischen Druck ausüben werde, wie er dies im NÖ-Landesdienst getan habe. Prader weist den Vorwurf brüsk zurück: „Können Sie mir, Herr Kollege, einen Fall nachweisen, wo ich Druck auf einen Beamten ausgeübt habe, einer Partei beizutreten?“ Der Journalist, es war übrigens Felix Gamillscheg, inzwischen längst ein Nestor der Branche, ließ nicht locker: „Aber wie ist es bei den Einstellungen in den Landesdienst?“ Prader schmunzelnd: „No ja, da paß ma schon auf.“

AUFGEWECKT

Zu den Fixpunkten jedes Staatsbesuches in Wien zählt ein Abend in der Staatsoper. So auch bei der legendären Visite des jugoslawischen Staatspräsidenten Josip Brož Tito in seinem einstigen Exil Wien. Für die Politiker des Gastlandes ist so ein Abend selten eine Entspannung; vielmehr wird der ohnedies prallgefüllte Terminkalender durch Staatsbesuche noch voller. Verteidigungsminister Prader – was sein Schlafpensum betraf, ohnedies ständig im Minus – nickte nach der Ouvertüre zur „Fledermaus", die auf besonderen Wunsch des Altösterreichers Tito gegeben wurde, unbemerkt von seiner Gattin ein. Plötzlich stupste sie ihn und sagte leise: „Schau, der General Rüling ist eingeschlafen." Prader brummend: „Und deshalb hast' mi aufg'weckt?"

MITGLIEDSBEITRÄGE

Verweilen wir kurz im Etablissement Renz, im 2. Wiener Gemeindebezirk in der Zirkusgasse, wo früher auch die „Damen" auf der Straße standen. Nicht nur, daß Prader dort öfter seine Generalität versammelte, auch junge Journalisten nahm er gern mit, um sie ins Wiener Nachtleben einzuführen. Einer davon, inzwischen längst arriviert, vertraute mir sein erstes Nachterlebnis mit „Schurl" Prader an.
„Der Prader war offenbar angemeldet, denn beim Eingang wartete schon die Chefin." Danach kam es zu folgendem kurzen Dialog. Prader: „Ham' alle pickt?" Die Chefin: „Ja, Herr Minister, i hab's kontrolliert. Alle ham pickt." Der Journalist dachte natürlich im ersten Moment an etwas Ordinäres. Erst Tage später gelang es ihm, diese für ihn exotische Botschaft zu entschlüsseln. Prader hatte nämlich alle Animierdamen für den ÖAAB geworben und kontrolliert, ob sie auch die Mitgliedsbeiträge gezahlt, heißt die Marken gepickt hatten.

BETRIEBSKAMPFGRUPPE

Die Geschichte schien mir doch einer Überprüfung wert. Herbert Vytiska, langjähriger ÖAAB-Pressereferent, bestätigte sie mir lachend: „Ja, ja, der Prader hat immer g'sagt: ‚Meine beste Betriebskampfgruppe!'"

„SOZI"

Im Februar 1969, auf dem Offiziersball in Salzburg, zog bereits der Morgen herauf, als mein Gewährsmann Zeuge des folgenden Gesprächs zweier Generäle wurde.
General Paumgartten: „Was hast du denn, Koiner, du heulst ja?" Darauf der Untröstliche (er war vorher Adjutant des sozialistischen Bundespräsidenten Schärf gewesen): „Da Minister mog mi net. Er hat g'sagt, i bin a Sozi!"

HERR DOKTOR

Bleiben wir noch bei den Sozis. Ein Meister im Umgang mit den „Evabelern" war Bruno Kreisky, nicht zuletzt deshalb, weil auch er seine politische Heimat in Niederösterreich hatte und wußte, wie er seine Pappenheimer behandeln mußte.
Niederösterreichs Bauern demonstrierten wieder einmal vor dem Kanzleramt. Eine Delegation mit dem Bauernbundpräsidenten Roland Minkowitsch, einem „G'studierten", an der Spitze, verhandelte mit Kreisky. „Also, Herr Doktor Minkowitsch . . ." versuchte K. sein Visavis bei den einfachen Bauern madig zu machen. „Ich bin nicht Doktor, Herr Bundeskanzler!" Nach einigen Minuten wieder: „Also, Herr Doktor Minkowitsch . . ." Dieser, schon etwas nervös: „Herr Bundeskanzler, ich habe Ihnen schon gesagt, daß ich nicht Doktor bin." Kreisky ließ nicht locker und flocht etliche Minuten später nochmals den Doktor ein. Minkowitsch erregt: „Herr Bundeskanzler, zum letzten Mal: Ich bin nicht Doktor!" Kreisky leicht süffisant: „Was regen S' Ihnen denn so auf, Herr Doktor Minkowitsch. Kann ja no werden."

DER REDLICHE ALOIS

Wie weit der Apfel oft vom Stamm fallen kann, zeigt das Beispiel eines anderen Niederösterreichers, der auch aus der „Baumschule" des niederösterreichischen AAB stammt: der Ulmerfelder Alois Mock. Wohl war auch er wie „Schurl" Prader im Stiftsgymnasium Seitenstetten erzogen worden – das ist aber eine der wenigen Gemeinsamkeiten. Bei der Unterrichtsstunde „Wein, Weib und Gesang" muß der Alois wohl gefehlt haben.

SPÄTSCHICHT

Innsbruck, ÖAAB-Bundestag. Herbert Kohlmaier und Alois Mock fahren spät am Abend nach der Tagung ins Hotel Europa am Bahnhofplatz. Der Weg führt unweigerlich durch eine in der Innstadt berüchtigte Gegend. Am Straßenrand stehen aufreizend Vertreterinnen des horizontalen Gewerbes. Herbert Kohlmaier stößt den Loisl in die Rippen; der blickt nur kurz von den Akten auf und meint: „Du hast recht, um diese Zeit sollten Damen allein nicht mehr auf der Straße sein."

ANSTANDSPERSON

Ein mir sehr vertrauter Kollege war erstmals Gast bei einem hohen Diplomatenempfang, den der neue Außenminister Alois Mock gab. Allein die Fülle der Gläser und Bestecke konnte einen Normalbürger verwirren. Dazu gab es ganz ausgefallene Suppenschüsseln, die nach unten spitz zuliefen, so daß nach zwei Löffeln bereits Ende des Genusses war. Etwas ratlos fragte mein Kollege den Minister: „Darf man die in die Hand nehmen?" Mock sah sich ebenfalls ratlos um. In diesem Moment ergriff Edith Mock, die resolute Ministersgattin, die Suppenschale und trank daraus. Da glitt ein Lächeln über das Gesicht des redlichen Loisl, und erleichtert wandte er sich zu meinem Kollegen: „Man darf!"

VIER AUGEN

Nicht nur Kreisky war extrem schlagfertig, auch der selige Leopold Figl konnte dies sein, wie Kreisky selbst einmal erzählte.

Die Große Koalition seligen Angedenkens hatte sich in den Verhandlungen um den Staatsvertrag die Auflage erteilt, daß kein Regierungsmitglied mit einem Außenminister eines anderen Landes unter vier Augen reden dürfe, sondern immer ein Mitglied der anderen Partei dabei sein müsse.

Bei der wichtigen Berliner Konferenz im Februar 1954 erfuhr Kreisky, daß sich Figl mit dem amerikanischen Außenminister John Foster Dulles „zufällig“ am Abend treffen wolle. K. geht schnurstracks auf Figl zu: „Ich höre, daß Sie sich mit Dulles um 23 Uhr in der Bar des Kempinski unter vier Augen treffen.“ Figl knapp: „Jo.“ Darauf Kreisky: „Entschuldigung, wir haben doch ausgemacht ...“ Figl unterbricht ihn: „Grad wollt i's Ihnen sagen. Vier Augen haßt Ihre und meine.“

DIE ÜBERSETZUNG

Zwischen Julius Raab und dem Führer des Weltkommunismus, Nikita Chruschtschow, entwickelte sich nach dem Abschluß des Staatsvertrages eine echte Freundschaft. Zwar waren sie ideologisch natürlich unterschiedlicher Meinung – da der kleine Kapitalist und Baumeister, dort der beinharte Ideologe einer angeblich klassenlosen Gesellschaft –, aber sonst waren sie einander sehr ähnlich: eher schon alt, gern grantelnd.
Bei einem Abendessen anläßlich des ersten Besuchs von Nikita Ch. in Österreich versuchte Raab einen Nachlaß bei den Erdöllieferungen zu erreichen, die wir für den Staatsvertrag leisten mußten. „Herr Generalsekretär“, hob Raab an, „wan Sie beim Erdöl net nachgeben, kriag i mit meiner Partei an Bahöö!“ Der russische Dolmetsch mußte bei diesem urwienerischen Ausdruck passen. Raab-Sekretär Dr. Grubmayer, er hatte an der österreichischen Botschaft in Moskau gearbeitet, sprang ein. Der Machtmensch Chruschtschow verstand dann sofort, was Raab mit „Bahöö“ gemeint hatte, und gewährte einen Nachlaß.

FREUNDESGRÜSSE

Professor Herbert Schambeck, das „katholische Gewissen“ der Volkspartei, Fraktionsführer der Schwarzen im Bundesrat, besucht seit Jahren am Heiligen Abend die Ehrengräber

der geistigen Väter der christlichen Partei. Da Schambeck keinen Führerschein besitzt, unternimmt er diese Gräbertour per Pedes, Bus oder Straßenbahn. Am Ende seiner Wegstrecke, nachdem er bereits Leopold Figl, Julius Raab und Leopold Kunschak aufgesucht hatte, strebte Schambeck dem Döblinger Friedhof zu, um Karl Kummer, den geistigen Vater einer ganzen Generation von ÖAABlern, unter ihnen Josef Taus, die Reverenz zu erweisen. Da bleibt plötzlich ein Auto stehen, das Fenster wird heruntergekurbelt – Herbert Kohlmaier, Ex-Generalsekretär der ÖVP, grüßt heraus: „Lieber Herbert, fröhliche Weihnachten! Was machst du?" „Ich besuch' den Karl!" ruft Schambeck, etwas kurzatmig, wegen des Aufstieges, zurück.
„Ich laß ihn schön grüßen!" repliziert Kohlmaier, winkt und fährt weiter.

BLAUE RECKEN

Im April 1996 wurden sie vierzig Jahre alt: die „Blauen". Denn der Farbe sind sie treu geblieben, auch wenn sie den Namen mehrfach geändert haben. Ursprünglich hießen sie ja bei der Erstgründung „Verband der Unabhängigen". Unter Jörg Haiders rigidem Kommando könnte allerdings daraus ein „Verband der Abhängigen" werden. Zerstritten sind sie allemal: Friedrich Peter spricht nicht mit Haider und der wieder nicht mit Norbert Steger; und für Alexander Götz bleibt der Wiener Südbahnhof der liebste Ort, weil's von da nach Graz geht. Trotzdem wurde ich fündig; und natürlich kommen die besten Stücke wieder einmal von Bruno Kreisky.

DIE PROPHEZEIUNG

Kaum war er knapp dreißigjährig in den Nationalrat eingezogen, profilierte sich Jörg Haider als talentierter Redner. Nur stand er damals, man will's nicht glauben, als Sozialsprecher der FPÖ weit links. Nach einem seiner ersten Auftritte nahm Kreisky den „Krone"-Innenpolitiker Dieter Kindermann im Wandelgang des Parlaments zur Seite: „Schaun S' Ihnen den Haider an. Schaut guat aus, kann guat reden, kummt bei den Frauen guat an . . .", längere Pause, „aber, ich sag's Ihnen, er wird genauso enden wie der Androsch!"

UNTER UNS

Nachdem er selbst die FPÖ hoffähig gemacht hatte, begann Kreisky die Kontakte zu den Mannen um Parteiobmann Friedrich Peter zu intensivieren. So bat er den Journalisten Hans Werner Scheidl, für ihn ein Treffen mit dem neuen Pressesprecher Holger Bauer und dem Jungtalent Jörg Haider einzufädeln. Beide wurden zu einem privaten Abendessen in die Armbrustergasse geladen. Noch bevor die Suppe aufgetragen wurde, begann K. die Konversation mit folgendem Satz: „I glaub', auf eines können wir uns verständigen. Wir sind alle Deutsche." Das kam offenbar sogar für die beiden F-Jungrecken etwas überraschend. Als er ihre verlegenen Gesichter sah, forderte K. zum Widerspruch auf: „So sagst's doch, was denkst . . ." Und ohne auf eine Antwort zu warten, schob er nach: „Ist doch kein Zweifel, daß wir drei Deutsche sind."

GENOSSEN

Die Freiheitliche Fraktion im Parlament erhob beim sozialistischen Präsidenten Heinz Fischer Beschwerde, warum sie bei allen parlamentarischen Anfragen und Anträgen als Genossen tituliert würden. Dies sei doch eine traditionelle sozialistische Anrede, und mit dem Sozialismus wolle die FPÖ nun einmal nichts zu tun haben. In seiner Antwort bestätigte der Sozialist Fischer, daß es dafür keine gesetzliche Grundlage gebe, gab aber zu bedenken, daß es diese Anrede schon im kaiserlichen Herrenhaus *vor* Gründung der Sozialdemokratie gegeben habe. Als Beweis legte er einen Antrag von „Hugo Fürst Windischgraetz und Genossen" vor.

EISZEIT

Zum Unterschied von Friedrich Peter, der in der politischen Arena eine eher moderate Sprache führte, ging sein Nachfolger Alexander Götz mit Worten wie die Axt im Walde um. Wenige Monate nachdem er Peter als Parteiobmann abgelöst hatte, war der Eklat schon da: „Xandl" Götz warf Kreisky Arroganz gegenüber der Opposition vor. Der Anwurf gipfelte in dem Satz: „Kreisky hat Papp im Hirn!"
Darauf herrschte mehrere Wochen totale Eiszeit zwischen Bruno K. und der FPÖ. Ja, Götz drohte zum „outlaw" der österreichischen Innenpolitik zu werden. Deshalb wurden hinter den Kulissen Emissäre eingesetzt, um eine Aussöh-

nung zustande zu bringen. Kreisky wurde zu einer festlichen Veranstaltung der FPÖ eingeladen. Er nahm überraschend an.

Im Hotel Bristol schoben nun die Berater die Kampfhähne vorsichtig aufeinander zu. Es fehlten nur mehr wenige Schritte und beide hätten einander nicht mehr ausweichen können. Da stürzte ein kleiner, rundlicher Baumeister – damals gab's den Lugner noch nicht – auf den Kanzler zu: „Herr Bundeskanzler, welche Freude, Sie zu sehen . . ."

Die Menschenmasse hatte inzwischen Götz weitergetragen. Es kam nie zum versöhnlichen Händedruck, da Götz bald wieder aus der politischen Arena in Wien nach Graz verschwand. Ein Baumeister war das Hindernis.

KRANKENTRANSPORT

Vor Jörg Haider war fast jede Nationalratswahl für die FPÖ eine Zitterpartie – zu nah war man stets an der schicksalshaften Fünfprozenthürde. Daher mobilisierten die Funktionäre an einem Wahltag alle denkbaren Wähler. So auch der damalige FPÖ-Obmann Friedrich Peter.

Als seine Frau am Wahltag in Wien an Grippe erkrankte, zwang er sie, mit ihm nach Oberösterreich zu fahren, da sie dort wahlberechtigt waren. Am Abend zeigte das Wahlergebnis den Erfolg des Krankentransportes: die FPÖ hatte in Oberösterreich ein Grundmandat gewonnen – mit einer Stimme Überhang – so wurde es mir berichtet.

Am nächsten Tag, nach Auszählung aller Stimmen, also auch der Wahlkarten, kam die kalte Dusche. Durch die Wahlarithmetik „kostete" das teure Grundmandat zwei Restmandate. Frau Peter wäre also besser zu Hause in Wien geblieben und hätte ihre Grippe auskuriert.

GEHEIMCODE

Kurz vor dem alles entscheidenden Innsbrucker Parteitag, mit dem der Aufstieg Jörg Haiders begann, kam es noch zu

einem Geheimtreffen zwischen Norbert Steger und seinem Widersacher im Wiener Bristol. Steger-Intimus Gustav Lohrmann bestellte unter dem Namen Maier einen verschwiegenen Salon. Als die beiden Kontrahenten das Hotel verließen, nahm der Portier Lohrmann zu Seite: „Des is sicher net der Herr Maier." Lohrmann ungerührt: „Des san Maier 1 und Maier 2." Der Portier: „Wan des Maier 1 und Maier 2 san, haß ich Steger und Haider!" Er hat's trotzdem nicht den Medien verraten.

DER ABGANG

Seit Jörg Haider die „Blauen" führt, muß man bei Parteisitzungen auf Überraschungen gefaßt sein. Es kommt nämlich oft anders als erwartet. So auch am 4. 3. 1992, als der „Jörg" mitten im Wahlkampf um das Amt des Bundespräsidenten – für die FPÖ ging damals noch Heide Schmidt ins Rennen –

die Bundesparteileitung ins oberösterreichische Innviertel vergatterte.

Als die Sitzung bereits mehr als fünf Stunden dauerte, begannen die vor der Tür wartenden Journalisten zu rätseln, was wohl der Grund für diese Überlänge sein könne – zwischen Heide Schmidt und Jörg Haider hatte es ja bereits ernsthaft zu kriseln begonnen. Kurz vor der „Zeit im Bild" stellten sich Haider und Schmidt den Medien.

Die Bombe ließ Haider in einem Nebensatz platzen: Norbert Gugerbauer, Haiders Stellvertreter, Klubobmann im Nationalrat, sei zurückgetreten; er, Haider, sei nun auch Klubchef der FPÖ. Darauf stürmte Wolfgang Fuchs vom ORF – er hatte die ganze Zeit die Tür belauert, um auf Gugerbauer zu warten – zurück in den Saal. Doch der war leer. Nur ein Fenster war offen.

SYNONYM

Während eines Essens mit Jörg Haider bestellt TV-Informationsintendant Johannes Kunz beim Ober einen „Haider".

Der nickt und will von dannen eilen. Haider hält ihn auf: „Was is das, was der Herr Kunz bestellt hat?" – „No, a klaner Brauner", kommt's zurück.

DER ZAUN

Die Wiener FPÖ saß zusammen, um die Linie des Wahlkampfes für die Gemeinderatswahl 1992 zu diskutieren. Als die Funktionäre zum Thema Ausländerpolitik kamen, das bekanntlich entscheidend dazu beitrug, daß die FPÖ die ÖVP vom Platz 2 verdrängte, entfuhr es einem blauen Rekken: „Jessas, da fallt ma ein, i müaßt mei Frau anrufen, ob der Pole kumman ist, um den Zaun z'streichen."

GESCHLECHTSLOS

Die FPÖ gilt nach wie vor als Männerpartei, auch wenn inzwischen eine erstarkte Frauenriege das traditionelle Bild auflockert. In den siebziger Jahren gab es noch keine einzige weibliche Mandatarin im Nationalrat. Als man damals eine Frauenreferentin für die Partei suchte und keine überzeugende Kandidatin fand, trat Alt-FPÖler Wilfried Gredler ans Rednerpult. Der geistreiche Charmeur: „Bevor's niemand macht, mach ich die Frauenreferentin!"

DIE NEUEN

Gemessen an mehr als fünfzig Jahren Zweite Republik stekken sie für die Anekdote noch im Kindesalter: die „Neuen". Denn die Anekdote trägt den Hauch des Rückblicks, der Reminiszenz in sich. Daher war es nicht einfach – noch dazu in Zeiten wie diesen – lustige Schmankerln über die vierte und fünfte Kraft aufzutreiben. Während für die „Liberalen" entschuldigend gilt, daß sie noch im anekdotischen „Vorschulalter" sind (Gründungsdatum 4. 2. 1993), waren da die „Grünfrösche" schon ergiebiger. Am Anfang stand aber auch hier – wie bei Heide Schmidt – die Abnabelung.

CHUZPE

Gründungsmythen gibt es überall. Ein Teil der Grünen kommt sicher aus dem kritischen Flügel der Sozialdemokratie, etwa Paul Blau, einstiger Chefredakteur des Zentralorgans „Arbeiter-Zeitung". Zusammen mit dem Chef der „Jung-Roten", Josef Cap, lud er Anfang der achtziger Jahre zu einer rot-grünen Diskussionsplattform ein. Der Parteivorstand der SPÖ rügte dies, gebe es doch mit Umweltminister Kurt Steyrer, dem späteren Präsidentschaftskandidaten, ohnedies einen offiziellen Ansprechpartner für solche Initiativen. Die beiden ließen aber nicht locker und luden nochmals zu einer Diskussion ein. Gezeichnet war das Papier diesmal von einem gewissen Paul Grün und einem gewissen Josef Rot. Der Trick wurde von gestandenen Genossen als besondere Chuzpe angesehen und brachte Josef Cap eine offizielle Partei-Verwarnung ein.

DIE TRENNUNG

Im Parlament trafen sie dann aufeinander, obwohl sie vorher oft gemeinsam auf den Barrikaden gestanden hatten: Peter Pilz etwa und Josef Cap. Nach einem Wortgefecht im Plenum trat der „Mascherl-Pepi" im Wandelgang des Parlaments auf den Grünling zu: „Hearst, Peter, rot-grün ist doch unser gemeinsames Ziel. Da dürf' ma net dem Gegner ins Messer laufen, darüber freut sich doch nur die konservative Reaktion." Pilz kopfschüttelnd: „I waß überhaupt net, was du manst. Was wüst du?" Cap, etwas hilflos: „No, da herinnen müssen wir schon per Sie sein."

DER SCHUTZ

Es war auf dem Höhepunkt der Polit-Skandale der Zweiten Republik im Jahr 1989. Ein Untersuchungsausschuß jagte den anderen: zuerst „Lucona", dann „Noricum". Im Parlamentsclub der „Grünen" bei Stefan Schennach gingen rei-

henweise Morddrohungen ein. Peter Pilz meldete dies schließlich der Staatspolizei.
Ein halbes Jahr später klingelt das Telefon: „Sind Sie der Herr Abgeordnete Pilz? Sie haben sich vor einem halben Jahr bedroht gefühlt. Ist das richtig?“ Und ohne eine Reaktion abzuwarten: „Wir ham Sie genau beobachtet und sind draufgekommen, daß Sie nicht zu schützen sind.“

DER RUNDGANG

Eines Tages geht bei den Grünen das Telefon. Am Apparat der gewichtige Generalsekretär des Bundestheaterverbandes, Dr. Georg Springer. Er will Peter Pilz sprechen. „Es ist ein alter Burgschauspieler gestorben“, beginnt Springer sehr ernst, „und i bin völlig ratlos.“ Pilz: „Was hab i damit zu tun. Soll i vielleicht zu dem Begräbnis kommen?“ – „Nein, aber es ist so Brauch, daß wir den Verstorbenen dreimal um die Burg tragen.“ Pilz, wieder erstaunt: „Soll i da helfen, den Toten zu tragen?“ Springer ungeduldig: „Nein, aber ihr habt’s eine Demonstration der Tierschützer vor dem Parlament angemeldet. Und da haben wir halt aus Rücksicht auf den Verblichenen Angst, daß sich unser Trauerzug und eure Demonstration vermischen könnten, quasi Tier gegen Mensch.“
Beide „Demonstrationen“ liefen dann ungestört ab.

SCHAUSPIEL

Und noch eine Story, auf die der Titel dieses Buches wie maßgeschneidert paßt. Es war am Höhepunkt der vergeblichen Suche der heimischen Exekutive nach Udo Proksch. Während unsere Interpol nur ein vages Fahndungsbild veröffentlichen konnte: dunkle Brille, lange Haare, schwarzer Bart, richteten die Grünen im Parlament zum x-ten Mal eine Anfrage an den Innenminister, wann endlich der Lucona-Versenker gefaßt werde.
Die handelnden Personen in der später vieldiskutierten Sitzung: Parlamentspräsident Leopold Gratz, ein erklärter Freund des Verdächtigen, „Charly" Blecha, als Club-45-Mitglied ebenfalls mit dem „Schifferlversenker" bekannt, sowie die Grün-Abgeordneten Herbert Fux und Peter Pilz, beide nach den Fahndungsmerkmalen als „Udo" verkleidet.
Gratz hatte gerade den Vorsitz inne, als die beiden im Plenarsaal erschienen, Pilz mit einem Schild „bewaffnet": „Charly, kennst du mich nicht?"
Tumult, Zwischenrufe. Der Präsident: „Ich bitte die Saaldiener, die fremden Personen zu entfernen!" Darauf Fux mit seinem charakteristischen, aus Funk und Fernsehen wohlbekannten Organ: „Herr Präsident, kennen Sie meine Stimme nicht?" Die Saaldiener schritten dennoch ein, die Sitzung wurde unterbrochen, die Präsidiale trat zusammen, die Medien berichteten höchst aufgeregt – und Udo Proksch erfreute sich im fernen Ostasien, genauer gesagt auf den Philippinen, noch einige Zeit seiner Freiheit.

GEWERBEORDNUNG

Zu den umstrittensten Materien der letzten Zeit gehört die Reform der Gewerbeordnung. Vor allem die kleineren Gewerbetreibenden verteidigen sie heftig. Im Parlament lieferte der Grün-Abgeordnete Andreas Wabl – er ist für eine Reform – ein überraschendes Argument dagegen. Er habe, erklärte Wabl, im steirischen Deutschlandsberg binnen eines Tages eine Gastgewerbekonzession erworben. „Zum Essen", ruft der SPÖ-Abgeordnete und VOEST-Betriebsratsobmann Koppler dazwischen, „zum Essen gangat i net zu dir.“

PARTNERIN

Das kommt davon, wenn man als junge Partei die bekannten Polit-Vokabel durch neue Begriffe ersetzen will – so passiert den Liberalen.
Gerhard Kratky, enger Mitarbeiter von Heide Schmidt, war unterwegs auf Mitgliederwerbung. In einer kleinen Runde kam er mit einer sehr attraktiven Dame ins Gespräch, erklärte ihr die Ziele der neuen Bewegung und fragte sie schließlich, ob sie nicht „Partnerin“ werden wolle. Sein Visavis starrte ihn entgeistert an, als wäre ihr eben von einem verheirateten Mann ein unzüchtiger Antrag gemacht worden.
Zuletzt klärte sich aber dann doch noch alles auf: Da die Liberalen keine Parteimitglieder kennen, werben sie um sogenannte „Partnerschaften“, und während Kratky besonders intensiv geworben hatte, war seine Frau für einige Zeit aus dem Raum gegangen. Das war dann wahrlich Werbung zum falschen Zeitpunkt.

SPÄTE ENTSCHEIDUNG

Heute wissen wir es: Das Liberale Forum konnte nur reüssieren, weil es sich unmittelbare nach seiner Gründung einer Wahl stellte – und zwar in Niederösterreich.
Doch wie sah es hinter den Kulissen aus? Heide Schmidt hatte bereits ein Pressegespräch angesetzt, aber noch am Vorabend keinen Spitzenkandidaten gewonnen. Eine Unternehmerin hatte ihr abgesagt, weil sie fürchtete, die ÖVP unter Erwin Pröll würde ihr – bei einer Kandidatur für die neue politische Kraft – Aufträge streichen. Als am nächsten Morgen um 8 Uhr früh Helmut Moser, Mitbegründer der Liberalen und NÖ-Wahlkampfmanager, bei Heide Schmidt anrief, war der Stand wie gestern.
Moser: „Heide, um neun Uhr ist die Pressekonferenz. Wir

müssen sie absagen." – „Gib mir bitte noch eine halbe Stunde."

Um halb neun kam der erlösende Anruf – der Unternehmer Gerold Dautzenberg hatte angebissen.

IM WAHLKAMPF

Ein weites Feld für die politische Anekdote sind natürlich die Wahlkämpfe, also die Zeit, wenn der Politiker alle vier Jahre auf den stinknormalen Wähler trifft und dabei seine hellen Überraschungen erlebt. Denn dieser Bürger denkt zumeist über die Politik ganz anders als „die da oben". Die Ernüchterung auf beiden Seiten ist groß – ändern tut das allerdings wenig. Nur immer mehr rächen sich dafür in der Wahlzelle. Ich beginne gleich mit einem aktuellen Beispiel aus dem Wiener Wahlkampf im Sommer '96.

GEHALTSZETTEL

Der Fall „Höchtl" – sein zwanzig Jahre lang kassiertes arbeitsloses Doppeleinkommen – erregte 1996 natürlich die Gemüter des Wahlvolkes besonders. Bei einem Marktbesuch im 16. Wiener Gemeindebezirk, besser als Ottakring bekannt, wurde der Wiener ÖVP-Obmann Dr. Bernhard Görg angeflegelt. „Was glauben Sie, was so ein Politiker verdient?" Aus der Menge tönte es: „80.000, na 100.000!" Görg zog aus seiner Brusttasche ein gefaltetes Papier heraus: „Da, mein Gehaltszettel. Als Wiener Stadtrat verdiene ich netto knapp über 40.000 Schilling. Als Personalberater hatte ich das Dreifache. Glauben Sie mir, daß ich nicht wegen des Geldes in die Politik gegangen bin."
Stimme aus dem Volk: „Na, weil S' deppat san."

UNTER DER BUDL

Die Debatte um Politikergehälter ist fast so alt wie die Republik. Der steirische ÖVP-Bundesrat und Literat – so etwas gab's auch einmal in der Politik – Otto Hofmann-Wellenhof meinte vor vielen Jahren: „Diese Schlacht ist nicht zu gewinnen. Und wan wir nix mehr krieg'n, werden s' sagen, die Gauner kassieren eh unter der Budel!"

SEMANTIK

Weit eleganter löste da schon Bruno Kreisky dieses Thema. Als ihm der damalige Chef der Angestelltengewerkschaft, Alfred Dallinger, berichtete, er sei von einem langhaarigen Studenten auf der Wirtschaftsuni rotzig gefragt worden, wieviel so ein Gewerkschaftsboß verdiene, meinte Kreisky: „Hast's ihm gesagt oder hast's ihm erklärt?"

DER UMBAU

Derzeit ist ja viel die Rede von den Quereinsteigern. Sie tummeln sich auf allen Listenplätzen, meist aber an der Spitze, sehr zum Unmut der altgedienten Parteifunktionäre. Ob die TV-Lady Ursula Stenzel oder der Kaiserenkel Karl Habsburg, der Meinungsforscher Wolfgang Bachmayer oder Ex-Fernsehintendant Ernst Wolfram Marboe, sie versuchen mit neuen Ideen neue Wähler zu gewinnen.
Im 14. Wiener Gemeindebezirk, auch Penzing genannt, kämpft E. W. Marboe. Eine seiner Ideen: „Als erstes begrüne ich den Wien-Fluß." Darauf sein ehemaliger Intendantenkollege Othmar Urban, der in Penzing wohnt: „Du, Ernstl, der führt auch manchmal Wasser!"

DIE VERSPÄTUNG 1

Zu den gefürchtetsten Eigenschaften Bruno Kreiskys zählte seine Unpünktlichkeit. Eine köstliche Anekdote dazu gibt's in meinem letzten Buch: „Ich bin im Bild". Der einstige „profil"-Journalist Charles Bohatsch hat mir nun eine neue Schnurre erzählt.

Wahlkampf 1975 im Bundesland Salzburg. Der Kreisky-Troß ist am Abend sehr spät ins Hotel gekommen, um neun Uhr früh ist schon die erste Kundgebung angesetzt. Alle Wahlkampfhelfer und Begleitjournalisten sind dennoch pünktlich. Um halb zehn erscheint Bruno K. zum Frühstück, überfliegt zuerst die Zeitungen, dann die ihm nachgesandte Dienstpost, holt sich noch ein Stück Torte vom Frühstücksbüffet – er war ein bekannter „Mehlspeistiger" – und steigt gemütlich in den Rover, sein Lieblingsfahrzeug ein. Bohatsch, vorlaut, wie nun einmal Journalisten sind: „Herr Bundeskanzler, eigentlich sollten Sie bereits um neun Uhr bei der ersten Veranstaltung sein." – „Herr Redakteur", antwortet Kreisky schleppend: „Merken S' Ihnen eins, ich hab in meinem Leben noch nie was versäumt."

DIE VERSPÄTUNG 2

Auf diese Anekdote angesprochen, sagte der langjährige Kabinettschef Kreiskys und nunmehrige Generaldirektor der Investkredit, Freddy Reiter, zu mir: „Bruno Kreisky hat seine Amtszeit mit einer Stunde Verspätung begonnen und diese Verspätung bis ans Ende nie mehr eingeholt."

BÜRGERSCHRECK

Im Wahlkampf 1975 wagte sich der junge ÖVP-Obmann Josef Taus, begleitet von seinem Wien-Statthalter „Fritzl" Hahn, erstmals in eine Hochburg des Sozialismus, auf den Victor-Adler-Markt in Favoriten. Als ein alter „Sozi", der noch das Jahr '34 erlebt hatte, die beiden „Schwarzen" sah, nahm er sein Enkerl fest an der Hand: „Da bleibst, sonst nehmen s' di mit."

DAS EBENBILD

Josef Taus war ja nicht unbedingt das, was man als eine Schönheit bezeichnen würde. Lang vor Niki Lauda machte er die „Hasenzähne" populär, und erst Jörg Haider war so TV-bewußt, sich durch einen befreundeten Zahnarzt von seinem vorstehenden Zahn befreien zu lassen.
Als „Pepi" Taus mit ÖVP-Jungobmann Othmar Karas zu einem Wahlkampftermin fuhr und seine ersten Konterfeis am Straßenrand sah, meinte er: „Wan i net wüßt, daß i des bin, erkennen tät i mi net."

SCHWARZER HUND

Erhard Busek war nur knapp vier Jahre an der Spitze der ÖVP; also blieben ihm – anders als Mock – mehrere Wahlkämpfe erspart. 1994 war er in Traun bei Linz unterwegs, gemeinsam mit dem späteren Landeshauptmann Josef Pühringer. Als er eben einen Marktstandler begrüßen wollte, schoß dessen Hund unter der Budl hervor und biß Busek ein Loch in die Hose. Pühringer tröstend: „Sigst, Erhard, in Traun san sogar die Schwarzen g'fährlich!"

DIE MEHRHEIT

Man schreibt das Jahr 1955: Die ÖVP berät den günstigsten Zeitpunkt für Neuwahlen. Raab ist gegen vorzeitiges Wählen, weil er zuvor den Staatsvertrag unter Dach und Fach bringen will. Im Parteivorstand ist man eher dafür. Stundenlange Debatten. Am Ende reißt Raab die Geduld: „Wann i jetzt abstimmen laß, ist höchstwahrscheinlich die Mehrheit für Neuwahlen, also ist es besser, ich laß nicht abstimmen. Die Sitzung ist geschlossen!"

PS: Im stillen sehnen sich manche Parteifunktionäre der neunziger Jahre nach soviel Autorität.

BUNDESHYMNE

Schlußkundgebung der „Roten" am Wiener Brigittaplatz, quasi im Herzen des sozialistischen Wien. Dementsprechend prominent das Aufgebot: SPÖ-Vorsitzender Franz Vranitzky, der Wiener SPÖ-Vorsitzende Hans Mayer und zuletzt der SPÖ-Bezirksparteiobmann, der mächtige Gewerkschaftsboß Rudolf Nürnberger von den Metallarbeitern.
Als erster spricht der große Vorsitzende „Vranz". Er greift frontal seinen Reibebaum, den „Jörgl", an, verschont aber

auch den Koalitionspartner nicht. Zum Schluß wird er jedoch staatstragend: „Es lebe die Republik, es lebe unser Österreich!" Die Deutschmeister-Kapelle, als musikalisches Atout engagiert, versteht das als Schlußsignal und spielt die Bundeshymne. Zurück bleiben ein desperater Hans Mayer und ein ebensolcher Rudolf Nürnberger, die um ihren Auftritt gekommen sind.

RAPID-VIERTELSTUNDE

Es war im Wahlkampf 1995, als Franz Vranitzky bewußt sehr spät in die Wahlkampfarena stieg und gewann.
Als sich schon alle Kommentatoren den Mund zerrissen und die Karikaturisten das Motiv bearbeiteten: „Wo ist der Vranz?", gab die SPÖ-Zentrale das Motiv aus: Wie im Fußball werde es im Wahlkampf Vranitzkys die vielzitierte Rapid-Viertelstunde geben.
Franz Kreuzer, inzwischen ORF-Pensionist, aber nach wie vor sarkastischer Politbeobachter, meinte dazu: „Bitte, Rapid-Viertelstunde is ja a guter Slogan. Aber wieso Rapid-Viertelstunde? War ja vorher ka Match!"

SCHÖN

Auch Heinrich Neisser wurde über den Wahlkampf 1995 um seine Meinung befragt. Neisser trocken: „Der Schüssel sagt ja a nix, wie der Vranitzky. Nur sagt er's viel schöner."

DIE FÜRSTEN DES LANDES

Auch in der Zweiten Republik war der Adel nicht völlig abgeschafft. Es gab sie nämlich, die „Landesfürsten". Sie regierten meist lang und absolutorisch, manchmal vererbten sie auch den Thron, wie bei den Krainers, sie waren erdverbunden und damit den Menschen nahe: die Krainers, Wallnöfers, Haslauers, Ratzenböcks – einen Sozialisten duldeten die „schwarzen" Fürsten, den „roten" Kery, und der soll ja von echtem Adel gewesen sein.
Inzwischen ist auch eine Frau in diese Riege aufgenommen worden, und mit der wollen wir, der Höflichkeit halber, gleich beginnen.

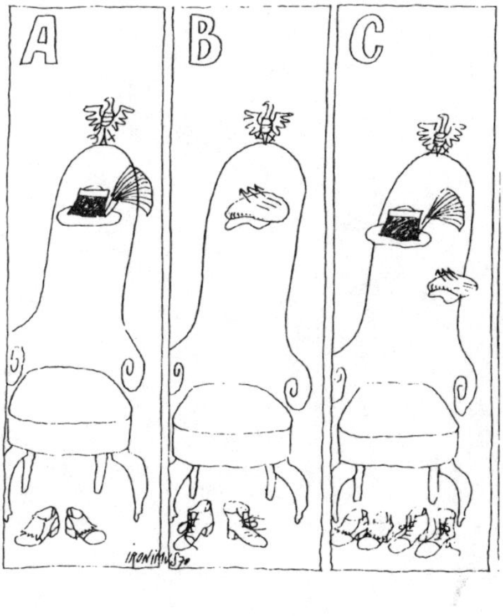

DER STELLVERTRETER

Als mit Waltraud Klasnic erstmals ein Frau in die Grazer Burg einzog, stellte sich natürlich die Frage, wie man sie im emanzipatorischen Zeitalter ansprechen sollte: Landeshauptmann oder Landeshauptfrau. Es blieb beim typisch österreichischen Kompromiß: Frau Landeshauptmann. Bald machte in Graz folgende Begründung für diese Form der Anrede die Runde: Man wolle damit dem 1. Landeshauptmannstellvertreter DDr. Peter Schachner-Blazizek die Schmach ersparen, daß er als 1. Landeshauptfrau-Stellvertreter angesprochen werde.
Was inzwischen ungeniert die Grünen im Landtag tun.

GEWÖHNT

Zu den „Fürsten" im klassischen Sinn des Wortes zählte der Herr im Schloß Esterhazy in Eisenstadt, Theodor Kery, über den vielfach berichtet wurde, daß er adliger Abstammung sei.

Als ein Parteigenosse einmal fragte, ob es den Sozialisten Kery nicht störe, daß ihm die alten Frauen am Land die Hand küßten, meinte der gönnerhaft: „Laßt's es do, sie sind's ja g'wöhnt."

GENERALVOLLMACHT

Nach der verlorenen Abstimmung über das Kernkraftwerk Zwentendorf drohte Bruno Kreisky mit seinem Rücktritt, blieb aber im Amt, nachdem ihm das Präsidium der SPÖ die vielzitierte Generalvollmacht eingeräumt hatte. Der damalige Unterrichtsminister Fred Sinowatz informierte seinen politischen Ziehvater Kery über den Beschluß: „Alles in Ordnung, Kreisky bleibt, wir haben ihm eine Generalvollmacht gegeben." Kery: „Was ist das?" Sinowatz: „Das, was du im Burgenland schon die ganze Zeit hast."

DER „WALLI"

Der wäre natürlich ein eigenes Büchlein wert. So muß ich mich auf ein paar köstliche Schnurren beschränken. Sie sagen hoffentlich über das Unikum Wallnöfer mehr aus als ein ganzes Buch.

TIROL SCHLÄGT WIEN

Im geheiligten Land Tirol konnte nur der Karriere machen, der auch die Landesfarbe trug, und die hieß – zumindest in der hohen Bürokratie – „Schwarz". Als 1983 in Innsbruck der Posten des Militärkommandanten zu besetzen war, hatte der logische Kandidat, Oberst Seyr, einen „Webfehler", stand er doch der SPÖ nahe. Vorsichtig versuchten nun seine Berater, Tirols Landeshauptmann Eduard Wallnöfer auf diese ungewohnte Situation vorzubereiten. Sie argumentierten damit, daß es in Tirol keinen geeigneteren Kandidaten als den „roten“ Seyr gäbe und man einen gleich qualifizierten „Schwarzen“ aus dem Osten holen müßte. Wallnöfer legte, wie immer, wenn er nachdenklich wurde, den Kopf schief und brummte schließlich: „Also guat, liaba a rota Tiroler als a schwoaza Weana!“

FÜNF MINUTEN

„Walli“ war kein Mann langer Worte, vor allem Reden. Anders sein Visavis jenseits des Brenners, Südtirols Landeshauptmann Dr. Silvius Magnago. Es war in Osttirol, in Lienz, als die beiden „Führer“ und ihre Gefolgschaft im berühmten Gasthof Traube zusammentrafen. Magnago hielt – wie üblich – ein lange Rede, was der „Walli“ gegenüber seinen Getreuen so kommentierte: „Der Magnago hat uns in ana Stund g’sagt, was man eh wissen und was man in fünf Minuten a sagen könnt.“

ANDREAS HOFER

Nach dem überraschenden Tod von ÖVP-Obmann Karl Schleinzer 1975 stellte sich das frischgewählte Duo Josef

Taus (42 Jahre alt) und Erhard Busek (34 Jahre) auch in Tirol den Anhängern vor. Die beiden kämpften ja mit dem Urteil vieler gestandener ÖVPler, zu jung für diese Aufgabe zu sein. „Walli", gleich bei der Begrüßung: „Es wird awei g'redt, daß die so jung san. Des hat mi furchtbar g'ärgert. Weil in dem Alter, was der Taus und der Busek san, war der Andreas Hofer schon längst erschossen."

ZUSAMMENGESETZT

Wallnöfer war absolut kein Morgenmensch, und es brauchte täglich lange – und je älter er wurde, um so länger –, bis er ansprechbar war. Da halfen oft auch zwei doppelte Schwarze und dann noch ein Obstler nicht: die morgendlichen Bewegungen „Wallis" ähnelten dem berühmten italienischen Holzmännchen Pinocchio. Daher nahm er zu morgendlichen Parteisitzungen gern seinen altgedienten Paladin Dr. Norbert Fiala mit, der seine Startschwächen durch etwaige Wortmeldungen überbrücken sollte. Wenn dieser dann das Gefühl hatte, der Chef sei o.k., hob er die Hand: „Der Herr Landeshauptmann ist zusammengesetzt, er meldet sich zu Wort."

TALENT

Während das Urgestein Eduard W., Jahrgang 1913, vierundzwanzig Jahre lang Tiroler Landesvater war, kam Wilfried Haslauer, Jahrgang 1926, „nur" auf zwölf Jahre. Eines aber verband beide: sie waren absolut trinkfest. Bevorzugte der „Walli" den Südtiroler Rotwein, waren es bei „Hasi" schon schwerere Kaliber, etwa französische Cognacs. Als man den Tiroler Landesfürsten einmal nach seinem Urteil über den eben zum Landeshauptmann Gewählten fragte, meinte Wallnöfer im kleinen Kreis: „A talentierter Bursche, nur trinken tuat a leider."

VERTRÄGLICHKEIT

Nun war Wilfried Haslauer in der Tat eines der größten Talente der österreichischen Nachkriegspolitik, dem nur seine abgöttische Liebe zu Salzburg im Weg stand, eine Karriere in der hohen Bundespolitik zu machen. Vielleicht war es gerade sein scharfer Intellekt, der die Nahrung hochgeistiger Getränke und tiefschwarzer Mokkas brauchte. Dazu durfte auch die Zigarette nicht ausgehen. Als mein Kollege Werner Mück, langjähriger Chefredakteur des ORF-Salzburg, einmal den leicht grippösen Landesvater am Vormittag in dessen Wohnung für ein Interview heimsuchte, bot ihm dieser einen Cognac an. „Herr Landeshauptmann, des vertrag i jetzt no net." Haslauer zu seiner Gattin „Thesi": „Du, der Werner Mück vertragt kan Cognac, bring ihm halt an Whisky."

GEISTLICHER HERR

Im Land Salzburg wurde die geistliche und weltliche Macht erst sehr spät, nämlich 1803, getrennt. Bis dahin war der Fürsterzbischof auch weltliches Oberhaupt der Landeskinder.

Wilfried Haslauer sagte man nach, daß er sich von allen Nachkriegspolitikern am stärksten mit der Idee angefreundet hätte, beide Rollen zu spielen. Bei einer Ehrung für Erzbischof Karl Berg erinnerte Haslauer daran, daß er – so wie der Bischof – einst Schüler des Borromäums gewesen sei. Und wenn er sich nicht für die weltliche, sondern für die geistliche Laufbahn entschieden hätte, würde möglicherweise jetzt er geehrt.

DIE MEHRERN

Der „Hasi" hatte zahlreiche prominente Schulfreunde, Gerd Bacher etwa, Jahrgang 1925, oder den Grünen Herbert Fux. Auch mit dem legendären Salzburger Rechtsanwalt Dr. Heinz Paradeiser, Spitzname „El Tomato", war er seit Kin-

destagen befreundet, obwohl sie das Leben in getrennte Lager geführt hatte: „El Tomato“ war prominentes SPÖ-Mitglied.
Während das Land traditionell „schwarz“ war, wählte die Stadt lange eine satte „rote“ Mehrheit. Als die Rathaus-Roten wieder einmal zulangten, kam Paradeiser triumphierend auf Haslauer zu. Der winkte ab: „Bitte, Heinz, verschon mich diesmal.“ – „Lieber Wilfried“, kam es zurück, „ich kann's dir wirklich nicht ersparen. Die G'scheitern san ma net, aber die Mehrern!“

JOSEF II.

In der Steiermark gehen auch auf diesem Feld die Uhren etwas anders. Hier wurde sogar die (adlige) Erbfolge in der (demokratischen) Politik eingeführt. Auf Josef Krainer den I. folgte – mit einem kurzen bürgerlichen Interregnum – Josef Krainer II. Von den fünfzig Jahren der Zweiten Republik regierten beide zusammen neununddreißig Jahre.

SAUPREISE

Am Ende seiner Regentschaft kümmerte sich Josef Krainer II. nur mehr sehr wenig um die Niederungen der Alltagspolitik. Wenn er etwa im Klub der steirischen ÖVP-Landtagsabgeordneten auftrat, hielt er meist Vorlesungen aus der internationalen Politik, wen er etwa zuletzt in Bologna getroffen und was er bei den Bilderbergern gehört hatte. Die Uhr zeigte schon wenige Minuten vor zehn und es stand eine dringliche Anfrage auf der Tagesordnung, als der Landesfürst seine Weltsicht beendete. Da stand ein vorwitziger oststeirischer Abgeordneter auf: „Du, Herr Landeshauptmann, i möcht di do fragen: Die Saupreise san im Keller, wie soll' ma da in der Dringlichen vorgehen?“
Krainer, unsanft in die Tagespolitik zurückgeholt, antwortete unwirsch: „Liaba Freind, des wird alles global entschieden. Und wan du aufpaßt häst, des war alles in meinen Ausführungen drinnen.“

DER PARTEIVORSTAND

Bei einer kniffligen Frage regte Krainers Statthalter in der Partei, Gerhard Hirschmann, an: „Herr Landeshauptmann, glaubst net, müaßt ma da net den Parteivorstand einberufen?“ – „Wozu Parteivorstand?“ kam es ungerührt zurück. „Des bin i do selber.“

UNPÜNKTLICH

Krainer legte großen Wert auf Pünktlichkeit, etwa bei Sitzungen des Landtagklubs. Nun war er bereits genug bestraft, da die Männer seiner engsten Umgebung, zuerst Bernd Schilcher und dann Gerhard Hirschmann, notorisch unpünktlich waren. Als ein junger Abgeordneter bereits zum drittenmal zu spät kam, grollte Krainer: „Du muaßt no zig Legislaturperioden im Landtag sein, daß da des wia der Schilcher und der Hirschmann leisten kannst.“

ABSTEHENDE OHREN

Die Steirer sorgten in der ÖVP mit Regelmäßigkeit für Unruhe. Einmal war es die Auseinandersetzung mit Robert Lichal um den „Draken", dann wieder ein Wechsel an der Spitze der Volkspartei, wie etwa die Ablöse von Alois Mock durch Josef Riegler. Genau zu diesem Zeitpunkt fand eine Buchpräsentation des langjährigen ÖAAB-Generalsekretärs Walter Heinzinger auf niederösterreichischem Boden statt, wobei Landeshauptmann Siegfried Ludwig die Begrüßung hielt. Dabei schoß er einige ätzende Bemerkungen Richtung Steiermark ab. Was wiederum „Joschi" Krainer nicht ruhen ließ. „Ihr wißt's eh", konterte er, „warum so viele Niederösterreicher abstehende Ohren haben? Weil viele Kinder zu ihren Vätern sagen, bitte, Papa, heb mich doch hoch, damit ich über den Semmering hinausschauen kann, was für ein schönes Land die Steiermark ist."

DIE WEINPROBE

Zu den ehernen Einrichtungen des ORF – geboren in der Frühzeit des Proporz-Rundfunks der sechziger Jahre – gehört die wöchentliche Radio-Sendung des Landeshauptmannes. Diese Ansprache des Landesfürsten an seine Landeskinder wurde früher, als der Termindruck noch nicht so stark war, in den ORF-Studios entsprechend zelebriert.
Der damals noch neue niederösterreichische Landesintendant Dr. Paul Twaroch öffnete für Andreas Maurer, seinen Landesherrn, extra eine Flasche Wein. Maurer, wie alle NÖ-Politiker ein exzellenter Weinkenner, schnupperte, und das Urteil kam prompt: „Der stoppelt!" Twaroch ging zum Kühlschrank, eine zweite Flasche wurde entkorkt. Dieselbe Prozedur, dasselbe Urteil. Auch die dritte Bouteille hielt dem kritischen Urteil Maurers nicht stand. Jetzt hatte Paul Twaroch nur mehr eine Flasche auf Lager. Er entschloß sich daher zum Frontalangriff: „Herr Landeshauptmann, woll'n ma riechen oder trinken?"

UNKONVENTIONELL

Die folgende Geschichte wurde mir in ÖVP-Kreisen als Beispiel dafür erzählt, daß man auch Karriere machen kann, wenn man gegen alle Konventionen verstößt. Die Schnurre wird dem langjährigen oberösterreichischen Landeshauptmann Dr. Josef Ratzenböck nachgesagt. Während viele frühere ÖVP-Granden der Jagd frönten, hatte Ratzenböck mit dem Waidwerk nichts am Hut. Dementsprechend unbedarft stellte er ganz am Anfang seiner politischen Laufbahn dem mächtigen Generalsekretär Dr. Hermann Withalm, einem begeisterten Jäger, die Frage: „Sagn S', Herr Generalsekretär, wan S' die Viecherl g'schossen haben, stopfen S' dann die Hörndln aus und hängen S' es an die Wand?"

HOHE FRAU

Daß hinter einem erfolgreichen Mann meist eine starke Frau steht, ist bekannt. Aber nur die wenigsten Männer können damit entsprechend umgehen. Josef Ratzenböck etwa wählte den launigen Weg, die bekannte Dominanz seiner „Goldhauben-Anneliese", darzustellen: „In Linz bin i schon der Herr Landeshauptmann, aber bei mir in Neukirchen am Wald" – seinem Geburtsort –, „wan mi die Leut besuchen, sagen s' zu meiner Frau: Grüß Gott, Frau Landeshauptmann, is der Ratzenbeck da!"

DOKTERL

Im Leben der Nachkriegspolitiker, vor allem im Osten Österreichs, noch genauer gesagt in Niederösterreich, spielte der Alkohol eine wesentliche Rolle. Das hatte mehrere Gründe: Da galt es einmal, den Offizieren der sowjetischen Besatzungsmacht in langen „Nachtsitzungen" manches abzuringen – und die vertrugen bekanntlich große Mengen. Dann mußte man damals – mangels Fernsehen – den Kontakt zum Wähler noch in den Hinterzimmern und an den Stammti-

schen suchen. Ein niederösterreichischer (ÖVP-)Politiker konnte also nur erfolgreich sein, wenn er einigermaßen trinkfest war. Namen wie Leopold Figl, Julius Raab und Georg Prader legen in unzähligen Schnurren davon Zeugnis. Auf einen sollten wir in dieser Aufzählung nicht vergessen: Landeshauptmann Johann Steinböck.

Als er wegen eines Fußleidens eine Wiener Klinik aufsuchen mußte, nahm ein junger Arzt, der den Politiker nicht kannte, die Krankengeschichte auf: „Haben Sie mäßig gelebt?" – „Wia manen S' des?" knurrte Steinböck zurück. – „Ich meine, ob Sie Alkohol zu sich nehmen?" – Steinböck musterte den jungen Mediziner mit einem langen Blick und lachte dann aus vollem Hals: „Dokterl, in der Lacken, die i aus'trunken hab, kunnten Se schwimmen lernen."

BIBISI

Johann Steinböck war kein begnadeter Redner, wohl sprach er aber in seiner offenen und direkten Art viele Menschen an. Für größere politische Versammlungen, wo eine Stegreifrede nicht genügte, bediente er sich eines Redenschreibers; heute würde man neudeutsch Ghostwriter sagen.
Bei einer Rede vor Delegierten des Bauernbundes gipfelte Steinböcks Rede in dem Schlußappell: „Nur die Evabe ist in der Lage, Niederösterreich aus dem derzeitigen ...", er stockte, musterte den Redetext und hob nochmals an: „aus dem derzeitigen Schoa ..., aus dem Schoaß herauszuführen!" Kopfschütteln, Achselzucken.
Der Redenschreiber, ein Hofrat namens Weber, ärgerte sich grün und blau, daß ihm Steinböck seinen Text so verhunzt hatte und daß aus dem Chaos ein Schoas geworden war.
Bei der nächsten Rede, es ging um den Rundfunk, war Hofrat Weber gewitzigt. Da es um etwas Ausländisches ging, um das große Vorbild in Rundfunkfragen, der BBC-London, schrieb er die entscheidende Passage in Lautschrift. Und das sah dann so aus: „Österreich braucht einen Rundfunk nach dem Vorbild der Bibisi Landn!"

MÖGLICHST WENIG

Im Gegensatz zu Johann Steinböck war Heinrich Gleißner, sein oberösterreichisches Pendant als Landeshauptmann, ein glänzender Redner. Einem jungen ÖVP-Mitarbeiter vertraute er einmal das Geheimnis einer guten politischen Rede an: „Junger Freund, weißt du, was eine gute Rede ist?" – „Nein, Herr Landeshauptmann!" – „Eine gute Rede ist ein interessanter Anfang, ein begeisternder Schluß und dazwischen möglichst wenig!"

BERUFUNGEN & RÜCKTRITTE

Viel ist schon über den berühmten Telefonanruf geschrieben worden, auf den Politiker aller Couleur sehnsüchtig warten: den des Kanzlers oder Parteiobmannes, der einen fragt, ob man Minister oder Staatssekretär werden will. Manche Damen und Herren der österreichischen Innenpolitik sollen in Zeiten der Regierungsbildung tagelang in unmittelbarer Nähe des Telefons verharrt haben, um ja keinen Anruf zu verpassen (zumindest vor der Zeit des Handys). Die, die darauf nicht gewartet haben und es daher sehr oft geworden sind, erhielten den entscheidenden Call wiederum an höchst ungewöhnlichen Orten.

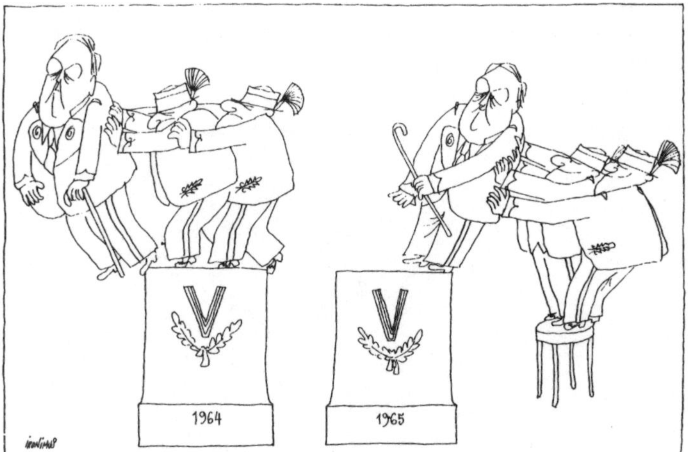

BADEWANNE 1

Man hatte sich spät am Abend in einem kleinen Beratungskreis der Volkspartei geeinigt, daß der damalige Syndikus der Industriellenvereinigung, Dr. Eugen Margaretha, zum zweiten Finanzminister der Zweiten Republik ernannt werden sollte. Als Bundeskanzler „Poldi“ Figl in der Wohnung des künftigen Ministers anrufen ließ, mußte Margaretha aus der Badewanne ans Telefon geholt werden. Österreich bekam damals nicht nur einen frischgebackenen, sondern auch einen frischgebadeten Ressortchef für die Himmelpfortgasse.

BADEWANNE 2

Auch sein Nachfolger, der durch den Wahlkampf 1995 (Ditz-Schüssel-Kurs) auch der jüngeren Generation wieder ins Gedächtnis gerufene Nationalökonom Reinhard Kamitz, wurde so überrascht. Als Fritz Eckert, Julius Raabs treuer Paladin, von diesem den Auftrag erhielt, die Verbindung mit Dr. Kamitz herzustellen, mußte man den künftigen Minister ebenfalls aus dem Bad holen. Schon nach wenigen Wochen erklärte der neue Polit-Star auf die Frage, wie es ihm gehe: „Gut, denn ich bin der einzige Österreicher, der den Raab nicht fragen gehen muß ...“

TROCKENE ÜBERGABE

Bleiben wir in der Himmelpfortgasse. Dort wurde ja zuletzt häufig gewechselt. Nach Ferdinand Lacina kam Andreas Staribacher, und schon zehn Monate später hieß der Hausherr Viktor Klima. Nach „Staris“ offizieller Verabschiedung bat Klima die Sektionschefs und die Mitarbeiter seines Büros zu sich: „Jetzt drink' ma a Achterl auf a guate Zusammenarbeit.“ Man klingelte nach dem Bürodiener. „Mir ham kan Wein.“ – „Also gut“, meinte Klima, „dann an Schnaps.“ – „Mir ham a kan Schnaps, Herr Minister, wäu beim Staribacher is nix trunken wor'n, nur Apfelsaft und Juice.“ Dabei beutelte es den guten Mann.

So mußte der Amtsdiener ins nächste Wirtshaus marschieren, damit der Wechsel nicht zu trocken über die Bühne ging.

JUNGPFADFINDER

Ähnlich wie beim Abgang des Johannes Ditz von der politischen Bühne war auch bei dessen Zwilling Ferdinand Lacina die Amtsmüdigkeit zwar seit langem spürbar, der definitive Rücktritt kam aber dann doch überraschend. Der Kanzler reagierte rasch und zauberte den Politneuling Staribacher junior aus dem Hut. Noch am selben Tag wurde Vranitzkys Büro bei Bundespräsident Klestil um eine rasche Angelobung vorstellig, sollte doch der Neue bereits am Freitag in Brüssel Österreich vertreten.

Aus der Hofburg wurde aber dem Visavis am Ballhausplatz beschieden, der Präsident habe am Donnerstag absolut keinen Termin frei: Schon seit Monaten sei den internationalen Jungpfadfindern zugesagt worden, daß Klestil bei ihnen in Salzburg sein werde. Erst ein dezenter Hinweis, ob man das in Brüssel verstehen werde, daß bei uns die Pfadfinder wichtiger seien als der Finanzminister, ebnete den Weg.

BARBESUCH

Lang, sehr lang, mehr als sechzehn Jahre war die ÖVP nicht in der Regierung vertreten. Zuerst regierte Kreisky allein, dann Sinowatz mit Steger. Erst im Jänner 1987 konnten die „Schwarzen" wieder auf Ministersuche gehen – Vranitzky hatte die „Blauen" unter dem neuen Obmann Jörg Haider verstoßen und Alois Mock ins groß-koalitionäre Ehebett geholt.

Einige Positionen waren von Anfang an für alte Kämpfer aus der harten Oppositionszeit reserviert: Verteidigung für Robert Lichal, Wirtschaft für „Robby" Graf, Landwirtschaft für „Pepi" Riegler. Nur für die Wissenschaft fiel den VP-Granden auf Anhieb niemand ein. Wie so oft ging die Initiative von Josef Krainer aus. „Wir müssen einen Mann aus der Wissenschaft suchen, der mit den Nobelpreisträgern umgehen kann." Da fiel der Name Tuppy. „Sucht's den Tuppy."

Die Mock-Sekretäre und andere dienstbare Geister klemmten sich ans Telefon, am anderen Ende meldete sich aber nur die Gattin: „Ich weiß nicht, wo er ist. Er geht am Abend gern in eine Bar, ich weiß aber nicht, in welche."

Bevor er alle Wiener Bars abklappern ließ, entschied sich Alois Mock fürs Warten. Um Viertel nach zwölf kam der erlösende Anruf im Parteivorstand. Der „schwarze" Teil der Regierung stand.

BLASS

Je länger Tirols Landeshauptmann Wallnöfer in der Politik war, desto größer wurde natürlich der Abstand zum Parteinachwuchs. Als es 1987 galt, auch einen Staatssekretär im Finanzministerium zu finden – der Vorschlag lautete Johannes Ditz, Generalsekretär des Wirtschaftsbundes – fragte „Walli" seinen treuen Eckhart, den Tiroler Landesparteisekretär Dr. Fiala: „Kennst du den jungen Mitarbeiter? Is des aa a guata Mann?" Fiala nickte. Doch der „Walli" war mißtrauisch:

„Bist du dir aa sicher? Der is do so blaß." Erst als Fiala nochmals nickte, hob W. die Hand in Richtung Alois Mock: „Herr Parteiobmann, i bin aa dafür!"

KASCH FLO

Zum Tiroler Landeshauptmann kam ein Unternehmer, der ihm das Blaue vom Himmel versprach, um eine Förderung zu bekommen. Da sich der „Walli" unsicher war, zog er den jungen Kammeramtsdirektor Dr. Franz Fischler zu Rat: „Du, Direktor, was moanst dazu?" Auch Fischler bemühte sich, den LH des langen und breiten von den Vorzügen der neuen Produkte zu überzeugen. Doch Wallnöfer blieb skeptisch: „Wast, Doktor, wan oaner immer vom kasch flo und vom no ho redt, kumt als nächstes der Konkurs."

DER UMTRUNK

Während bei den „Schwarzen" Ablösen oft erst nach wochen-, manchmal sogar monatelangen selbstzerfleischenden öffentlichen Diskussionen über die Bühne gehen, geschieht dies bei den „Roten" eher klammheimlich, aber rasch.
Mein Kollege Fritz Pesata, alter Radio-Hase und gebürtiger Burgenländer, war privat – wenn es so etwas bei einem Journalisten überhaupt gibt – unterwegs. Als er in der einstigen Fürstlich-Esterhazyschen Badeanstalt in Groß-Höflein einkehren wollte, entdeckte er eine stattliche Anzahl schwarzer Limousinen mit niedrigen Kennzeichen. Neugierig erkundigte er sich zuerst bei den Chauffeuren, dann beim Wirt nach dem Grund für die große Wagenauffahrt. Zuerst wurde er mit leeren Floskeln abgespeist, als er dann aber Mikrofon und Tonband aus dem Auto holte – quasi als Drohung –, tauchte ein anderer Burgenländer auf, um seinen Landsmann zu beruhigen.
Fred Sinowatz zu Fritz Pesata: „Sie können ruhig wieder heimfahren. Das ist nur ein Umtrunk unter Freunden."
Am nächsten Morgen wurden Herbert Salcher durch Franz

Vranitzky, Erwin Lanc durch Leopold Gratz, Karl Lausekker durch Ferdinand Lacina und Elfriede Karl durch Gertrude Fröhlich-Sandner ersetzt. Schließlich folgte Helmut Zilk Leopold Gratz als Wiener Bürgermeister nach. Ja, so ein Umtrunk unter Freunden hat's oft in sich.

A HETZ

Zuvor mußte der agile Burgenländer noch einige Überzeugungsarbeit leisten, bis er sein „Dream-Team" beisammen hatte. Leopold Gratz sperrte sich beim Gedanken, noch einmal in die Regierung zurückzukehren: „Hearst, Poldl, wüst net Minister werden", lockte „Charly" Blecha. – „Des war i schon." Dann versuchte es Heinz Fischer, bereits Wissenschaftsminister im Kabinett Sino: „Kumm zu uns in die Regierung, da ham ma a Hetz!"
Für Leopold Gratz hieß die Hetz dann „Lucona" und „Noricum" und der Rücktritt nach knapp zwei Jahren im Amt.

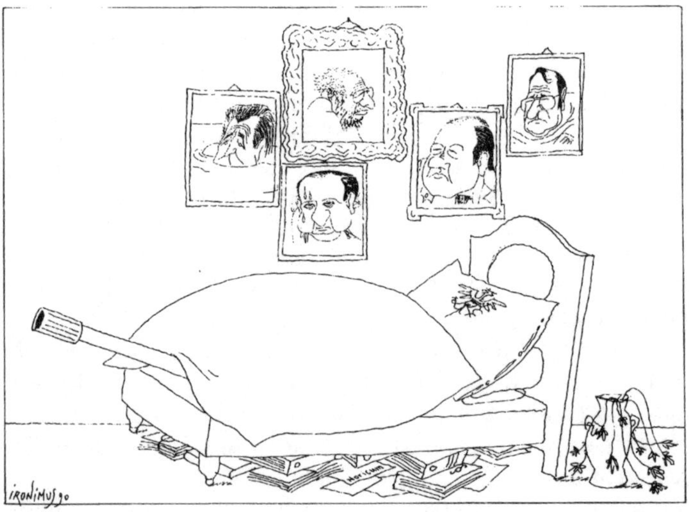

EINSPARUNG

Da jetzt so viel vom Sparen die Rede ist, erlaube ich mir ein Beispiel aus früheren Tagen zu bringen, als gutes Vorbild für die heutige Praxis der Mehrfachgehälter und Abfertigungen.

Als Julius Raab Heinrich Drimmel zum neuen Unterrichtsminister bestellte, ordnete er ausdrücklich an, daß dieser erst nach dem Ersten sein Amt übernehmen solle, um dem Staat ein Monatsgehalt zu sparen.

PS: Heutzutage gibt es sogar Gagen, auch wenn man nicht im Amt erscheint.

DIE SCHEIDUNG

Zu Julius Raab pilgerte ein alter Parteifreund, der Wirtschaftsbündler Kristofics-Binder. „Lieber Herr Bundeskanzler, ich bin jetzt ein glücklicher Mensch, ein neuer Frühling hat mich erfaßt, ich kann mich vor Glück nicht erfangen, ich hab' die große Liebe gefunden."
Raab nahm die Virginia aus dem Mund: „Hear auf. Du wüst mir do nur sagen, daß du dei Alte loswerden wüst."
Der Verliebte begann zu stammeln: „Also, wenn du das so siehst. Aber ich habe wirklich das große Glück meines Lebens gefunden." Raab noch trockener: „Die Alte loswerden, des wolln ma alle. Du bleibst verheiratet!"

DER PRÄSIDENT

Alfred Maleta hatte nach 1945 eine respektable Karriere in der Politik gemacht; sie führte über den Generalsekretär der ÖVP, den Obmann des ÖAAB zum Ersten Präsidenten des Nationalrates. Trotzdem ließ Maleta seine Parteifreunde oft spüren, daß er sich eigentlich für die Top-Positionen in diesem Staat besser geeignet sah als diejenigen, die dann das Amt ausübten. Besonders hart ging er mit Josef Klaus ins Gericht, dem er gegenüber Bruno Kreisky mangelnde Intellektualität vorwarf.

Als Maleta sich 1979, nach einem halben Jahrhundert in der Politik, zurückzog, fragt ihn der interviewende TV-Redakteur nach seinem beruflichen Selbstverständnis. Ohne zu zögern antwortet er: „Ich hab' mich an der Spitze des Hohen Hauses immer als der zweite Bundespräsident gesehen." Stille im Raum. Seine politische Referentin verzieht unübersehbar das Gesicht: „Aber, Herr Präsident, das wird zu Mißverständnissen führen . . ." Maleta, in der für ihn charakteristischen, leicht näselnden, leicht nuschelnden Art: „Ich seh' mich so. Aber in der Partei würden s' es net verstehen. Schneiden S' es raus, Herr Redakteur."

AUSSCHREIBUNG

Nach den langen Jahren der Großen Koalition drängte Bruno Kreisky darauf, die Politik mit Demokratie zu durchfluten. Es war die Zeit der Kommissionen, der öffentlichen Diskurse und Ausschreibungen. Am Kernproblem des Staates, der totalen Verpolitisierung der Postenvergabe, änderte das wenig, wie folgendes Beispiel zeigt:

Handelsminister Josef Staribacher wurde von Journalisten gefragt, ob ein bestimmter Posten schon ausgeschrieben sei. Darauf „Happy Pepi", wie immer grundehrlich: „Nein, sicher nicht, wir wissen ja noch gar nicht, wer es wird."

VON UNS

Eine der letzten wichtigen Entscheidungen von ÖVP-Handelsminister Johannes Ditz war es, einen neuen Chef der Österreich-Werbung zu ernennen. Bei den Hearings – wie man das jetzt so neudeutsch nennt – stach ein Marketingfachmann der Austrian Airlines, Michael Höfferer, heraus. Minister Ditz fragte bei AUA-Vorstandsdirektor Rehulka, der dem schwarzen Lager zugezählt wird, nach und erhielt prompt die Antwort: „I glaub, des is eh ana von uns." Bei der Vorstellung des neuen Chef-Werbers bekannte der auf eine Journalistenfrage treuherzig, daß er seit langem Mitglied der SPÖ sei.

RÜCKTRITTE

Reporterfragen kreisen bei vielen Gelegenheiten um das Thema Rücktritt. Egal ob ein Politiker Stimmen und Mandate verloren oder ein besonders billiges Grundstück gekauft hat, sein Gesundheitszustand außerhalb der bürgerlichen Norm liegt oder er eine skandalträchtige Liebschaft begonnen hat ... die Journalisten sehen darin sofort einen Grund, nach den Konsequenzen zu fragen.

GLÜCKWÜNSCHE

Bei Bruno Kreisky war das natürlich wieder einmal anders: Er spekulierte selbst mit dem Rücktritt und setzte ihn als „politische Waffe" ein – siehe Atomabstimmung Zwentendorf.
Als er auf den Siebziger zuging, brachte er dann selbst die politische Altersklausel aufs Tapet, um lästige Rivalen loszuwerden. Franz Kreuzer, damals Chefredakteur des Aktuellen Dienstes Fernsehen, wollte in seiner bekannt hintergründigen Art wissen, wie ernst es Kreisky damit meine: „Herr Bundeskanzler, in anderen Demokratien ist das Alter kein politischer Faktor; zum Beispiel, der amerikanische Präsident Ford wird morgen siebzig ..." Kreisky, Kreuzers Conclusio gar nicht abwartend: „Ich gratuliere ihm jetzt schon dazu ..."

PS: Das Lachen der Journalistenrunde zerstörte Kreuzers Absicht, eine seriöse Antwort zu bekommen.

DRÄNGELEI

Beim wesentlich älteren deutschen Bundeskanzler Konrad Adenauer war aus den sechziger Jahren die Journalistenfrage geläufig, wann er sich endlich aufs Altenteil zurückziehen werde. Bei Kreisky spielte dieses Thema erstmals im Wahlkampf 1979 eine Rolle. Der Kanzler war von seiner Krankheit bereits gezeichnet, und immer mehr Journalisten fragten ihn, warum er sich die Anstrengungen eines Wahlkampfes antue.
Als ein Reporter wieder besonders lästig fragte, grantelte Kreisky: „I werd' mi schon zurückziehen, aber drängen laß i mi net!"

BRUNO ADENAUER

Je länger Kreisky im Amt war und je älter er wurde – schließlich brachte er es auf dreizehn Dienstjahre als Kanzler – desto mehr verliebten sich die Journalisten in die Frage, ob er ein zweiter Adenauer werden wollte. Der trat immerhin erst mit siebenundachtzig Jahren von der Bühne ab. Auf eine derartige Frage grantelte K.: „I weiß gar net, was Sie gegen den Konrad Adenauer haben?"

AGNOSTIKER

Die drei letzten Jahre seiner Amtszeit war Kreisky ein (schwer-)kranker Mann: auf einem Auge fast blind; die Niere versagte ihren Dienst. Die Zeitschrift „profil" versuchte den Kanzler in einer Ferndiagnose als zu krank fürs Regieren hinzustellen. Das erregte natürlich Kreiskys Zorn: „Den Alexander Girardi ham s' aa ins Irrenhaus stecken wollen. Nur weil's die Baronin Rothschild und die Helene Odilon (Ex-Gattin) so wolln ham." Dieter Kindermann konterte: „Ist Ihr Gesundheitszustand sakrosankt, Herr Bundeskanzler?" – „Bei mir is nix sakrosant, weil i a Agnostiker bin. Und was soll bei an Agnostiker sakrosankt sein?"

ZWEIDEUTIG

Mitte 1980, genau am 9. September, erreichte die Affäre um die Steuerberatungskanzlei „Consultatio“ von Finanzminister und Vizekanzler Hannes Androsch einen ersten Höhepunkt. Im Renner-Institut in Altmannsdorf tagt der SPÖ-Parteivorstand.
In einer Sitzungspause wird Androsch von Journalisten gefragt, ob man noch Herr Minister zu ihm sagen könne. Androsch: „Herr Minister, können S' jederzeit zu mir sagen.“

PS: Am 15. Jänner 1981 schied er aus der Regierung.

DANK

Ein ständiges Sorgenkind für ÖVP-Obmann Julius Raab war seine Wiener Parteiorganisation. Im Sommer 1958 platzte der sogenannte „Haselgruber-Skandal“, dubiose Parteispenden des Stahlunternehmers Haselgruber aus NÖ, mit denen Obmann Fritz Polcar die hohen Kosten seines Kampfes gegen die Wiener „Rathaus-Roten“ finanzieren wollte.
Raab bestellte seinen Wien-Statthalter zu sich und machte mit folgenden Worten die Sache klar: „Du verstehst, ana von uns zwa muaß geh'n. Ich danke dir!“

POLITIKERREISEN

Am Beginn der Zweiten Republik waren es meistens Odysseen, elendlange Nachtfahrten im Schlafwagen, laute, langsame Propellermaschinen, bandscheibenplagende Überlandfahrten. Erst in den siebziger Jahren wurden auch Politikerreisen zu einem gewissen Lusterlebnis. Einige, wie Innenminister Rösch, blieben demonstrativ zu Hause, andere bekamen den Reiseneid zu spüren. Zu erzählen gab's allemal genug.

BODENSTÄNDIG

Wenn auf einer Auslandsreise Pannen auftraten, Flugzeuganschlüsse verpaßt wurden, Koffer abhanden kamen oder wichtige Termine platzten, pflegte Handelsminister Josef Staribacher seinen Vater zu zitieren. Der hatte seinem Sohn immer wieder eingeschärft, daß „hinter Purkersdorf das Elend beginnt". Woraus Vater „Stari" schloß: „Wer die Grenze von Wien überschreitet, ist selbst an seinen Problemen schuld."

REISENEID

Einer von Staribachers Vorgängern in der Zeit der Großen Koalition (1953–1956) war der ÖVP-Mann DDDr. Udo Illig. Es war zu einer Zeit, als Dienstreisen von Regierungsmitgliedern ins Ausland noch recht selten waren. Als sich ein Sektionschef bei ihm abmeldete, meinte Illig grantelnd: „Sie fahren nach Casablanca, und ich muß" – dabei deutete er auf das Denkmal unmittelbar vor seinem Ministerbüro am Wiener Stubenring – „dem Pferd vom Radetzky in den Hintern schauen."

FUHRWERK

Nochmals Udo Illig; diesmal in anderer Rolle. Der Vorgänger Illigs war Julius Raab selbst, was den wiederum nicht hinderte, manchmal recht grantig und verletzend gegenüber seinem Nachfolger zu sein. Nach einer Regierungssitzung, Illig hatte wegen der geplanten Aufteilung der Marshallplan-Hilfe mit seinem Rücktritt gedroht, trat Raab ans Fenster des Kanzleramtes. Da sah er das bekannte Pony-Gespann der Firma Palmers am Ballhausplatz stehen. Raab zu Illig, der von besonderem Kleinwuchs war: „Du, Illig, geh runter, dei' Zeugl is scho' vorg'fahrn!"

NAHÖSTLICH

Die folgende Story spielt in der Amtszeit von Kurt Waldheim, als Auslandsreisen fast ausschließlich in den Nahen Osten unternommen wurden. Im Scheichtum Abu Dhabi erhielten die mitreisenden Journalisten eine auf den ersten Blick sündteure, zumindest aber sehr protzige Uhr. Daheim in Wien wollte ein Kollege, sein Name sei dezent verschwiegen, die Uhr zu Geld machen, da er im Moment knapp bei Kasse war. Er ging also zum Wiener Prominenten-Juwelier Heldwein am Graben. Kaum hatte der die Uhr zur Hälfte aus dem fürstlichen Papier gepackt, begann er schallend zu lachen: „Ah, Sie waren auch mit dem Waldheim in Abu Dhabi!"

FERNÖSTLICH

Josef Klaus, erster und einziger Kanzler der ÖVP mit der Kompetenz zum Alleinregieren, besuchte im April 1968 Japan. Begleitet wurde er von seinen beiden Sekretären Alois Mock und Thomas Klestil; für den ORF berichtete unser damaliger „rasender Reporter" Othmar Urban. Das Programm war dicht und dementsprechend anstrengend, was aber die jungen Herren, sie waren alle etwas über dreißig, nicht abhalten konnte, auch das fernöstliche Nachtleben zu konsumieren. Nur der „redliche Alois" blieb auch am Abend in der Nähe des Kanzlers.
Als Klestil und Urban einmal sehr spät ins Hotel heimkehrten, zog sich der spätere Bundespräsident gleich nach der Lifttür die Schuhe aus. Urban erstaunt: „Warum ziehen Sie sich denn die Schuhe aus?" Klestil, auf das in der Mitte des Ganges liegende Zimmer deutend: „Der Mock ist sicher schon wach und horcht, wan i hamkomm."

KONTINENTVERSCHIEBUNG

Als Vorsitzender der IDU, dem konservativen Gegenstück zur Sozialistischen Internationale, war Alois Mock in den achtziger Jahren viel unterwegs. Unmittelbar nach einer Asienreise brach er nach Mittelamerika auf. Am Morgen saß er auf der Terrasse des Hotels mit seinem Langzeitsekretär Herbert Vytiska und bewunderte den Blick aufs Meer: „Ist das nicht herrlich, die Bucht von Hongkong." – „Du, Alois", korrigierte der Begleiter, „du, wir sind schon in Panama."

VERWANDTSCHAFTSVERHÄLTNISSE

Wilfried Gredler, Präsidentschaftskandidat der FPÖ, war Politiker und Diplomat – unter anderem Botschafter in Peking. Am Beginn der zaghaften Reisediplomatie mit dem Reich der Mitte stand ein Besuch des alpenländischen Verteidigungsministers Otto Rösch, der seine damalige Lebensgefährtin und spätere Gattin mitnahm. Das chinesische Protokoll war höchst irritiert, daß da zwei unterschiedliche Namen angeführt waren. Gredler sann rasch nach einer Erklärung: „Herr Botschafter", sagte er zum Protokollchef in Peking, „in Österreich ist das so üblich, daß die Frauen den Familiennamen beibehalten." Mit dieser List war das Protokoll fürs erste zufrieden. Als ein paar Jahre später Landwirtschaftsminister Haiden mit Frau Haiden anreiste, erschien wieder der Herr vom Protokoll: „Herr Botschafter, ich verstehe das nicht. Das letzte Mal haben Sie mir erklärt . . ." Gredler kam ordentlich ins Schwitzen, bis ihm ein pfiffiger Ausweg einfiel: „Exzellenz, Herr Minister Haiden hat seine Cousine geheiratet, deshalb heißen sie beide Haiden."

ANSTRENGEND

Fred Sinowatz verließ nur ungern seine nähere und weitere Heimat. Eine der wenigen großen Auslandsreisen führte ihn und Gattin Hermi nach Indien zu Indira Gandhi. Auf dem

Besichtigungsprogramm stand auch der berühmten Kandariya-Liebestempel.
Es war drückend heiß, und dem fülligen Burgenländer stand ordentlich der Schweiß auf der Stirn, als er vor den Reliefs mit den überaus phantasievollen Darstellungen indischer Sexualpraktiken stand. „Du, Hermi", rief er sein Eheweib, „des war nix für mi, des war ma zu anstrengend."

DURCHSCHAUT

Journalisten sind natürlich auf derartigen Reisen ständig auf der Suche nach markanten Bildmotiven. Ein solches bot sich den Kollegen Kurt Seinitz von der „Krone", Gerhard Steininger von den „Salzburger Nachrichten" und Hans-Georg Heinke vom ORF an, als sie vor dem Hotel, in dem Sinowatz logierte, einen mächtigen Elefanten sahen. Als die drei sich gerade ausmalten, wie schön es doch wäre, den Kanzler dort oben ablichten zu können, bog dieser um die Ecke: „I waß schon, was ihr wollt's. Ihr wollt's mi da aufi kriegen, damit's euren Spott habt's. Aber die Freud' mach i euch net."

EINSILBIG

Zu den weitestgereisten Männern der Republik zählte Bundeskammerpräsident Rudolf Sallinger. Kaum ein Flecken auf dieser Erde, wo er ein mögliches Geschäft für unsere Unternehmer vermutete, blieb von seiner Reiselust verschont. Zugegeben, die Kammer hat ja schon allein mehr als neunzig Außenstellen. (Friedolin Koch hat darüber ein köstliches Buch geschrieben: „Der Präsident ißt keinen Fisch.")

Sallinger in China. Er wird vom legendären Ministerpräsidenten Tschu En-lai, dem Weggefährten Maos, empfangen. Es kommt zu folgendem Dialog:
Tschu: „Sie waren schon in China." – Sallinger: „Ja, das stimmt." – Tschu: „Was fällt Ihnen auf?" – Sallinger (läuft zur Höchstform an Diplomatie auf): „Beim erstenmal habe ich

aus dem Fenster gesehen, da waren viele rauchende Schlote. Und jetzt habe ich aus dem Hotelfenster gesehen. Da waren noch viel mehr rauchende Schlote.“ Ein begleitender Journalist fragte neugierig: „Und was hat der Tschu En-lai gesagt?“ Sallinger: „Das stimmt!“

DER SOLDAT

Rudolf Sallinger hatte ein besonders gutes Verhältnis zum langjährigen sowjetischen Außenhandelsminister Patolitschew. Vielleicht auch deshalb, weil beide, von politischen Veränderungen an der Spitze des Staates unbeirrt, ihre Funktion behielten.
Auf der Fahrt zum Moskauer Flughafen machte Patolitschew seinen österreichischen Gast auf das Denkmal aufmerksam, das jene Stelle markiert, bis zu der deutsche Panzer 1941 vorgedrungen waren. „Die Gegend kenne ich. War schon einmal da – als Soldat einer Pionierkompanie.“ Darauf zog der Minister ein Papier aus der Tasche und nannte dem Präsidenten die Einheit, zu der Sallinger eingezogen worden war. „Sie sind ein ordentlicher Mann“, meinte der Russe.

DAS GELÖBNIS

Ähnlich verhielt sich die Situation, als General Emil Spannocchi, der Armeekommandant der Ära Kreisky, zu einem Besuch der Roten Armee eingeladen war. Im Verlauf der Besichtigungsreise führten die Russen Spannocchi, den ehemaligen Generalstabsmajor der deutschen Wehrmacht, auch zu jenem Platz, wo er 1942 mit seinen Panzern nicht mehr weiter kam und den Rückmarsch antreten mußte. Die Stimmung war eher gespannt und der General suchte krampfhaft nach einer Möglichkeit, mit einer rhetorischen Offensive die heikle Situation zu bewältigen. So wandte sich Spannocchi an seine sowjetischen Gastgeber: „Ich gebe im Namen der österreichischen Regierung die feierliche Erklärung ab, daß wir nie wieder so weit vorstoßen werden!"

OFFENE WORTE

In Moskau regierte die Troika Breschnew, Kossygin, Podgorny und ähnliche Kaliber, als sich Bruno Kreisky Mitte 1977 mit einer großen Delegation auf den Weg dorthin machte. Kurz nach der Ankunft in einem staatlichen Gästehaus, das natürlich vom KGB präpariert war, begann Kreisky vor seinen Begleitern aus vollem Hals über den Kommunismus zu schimpfen. „Happy Pepi" Staribacher deutete erregt auf den Luster und machte „pssst!" Doch K. reagierte nicht: „Die sollen ruhig die Wahrheit hören!"
Am nächsten Morgen waren die Österreicher bei Ministerpräsident Kossygin zum Frühstück. Der begann sich sehr höflich nach dem Befinden seiner Gäste zu erkundigen, ob sie gut untergebracht wären, gut geschlafen hätten, um am Schluß noch hinzuzufügen: „Ich habe schon gehört, daß Sie gestern abend interessante Diskussionen hatten." Staribacher verstohlen zu Kreisky: „Siehst, Bruno, der hat alles g'hört."

KAPITALISMUS

Mit von der Partie waren auch die Spitzen der österreichischen Sozialpartnerschaft, so Industriellen-Präsident Hans Igler, begleitet von seiner Tochter. Beim Festbankett kam die junge Dame neben der mächtigen Kulturministerin Jekaterina Furzewa zu sitzen. „Ihr Papa ist der Boß der Industrie. Da wohnen Sie sicher in einem Schloß", wollte die kämpferische Marxistin wissen. Das Industriellen-Kind antwortete kokett: „Seit Kreisky regiert, sind die Steuern so hoch, da kann sich mein Vater kein Schloß leisten."
Nach dem Essen kam der Kanzler schmunzelnd auf die Tochter Iglers zu: „Mein liebes Kind, das war das beste Kompliment, das Sie mir vor den kommunistischen Genossen machen konnten."

DER KOFFER

Noch eine Episode von dieser Reise. Kreiskys Pressesekretär Johannes Kunz folgte seinem Herrn und Meister stets mit einem großen schwarzen Aktenkoffer, bis ihn K. einmal fragte: „Herr Kunz, warum schleppen S' denn immer das ganze Büro mit?" – „Herr Bundeskanzler, wir können doch nicht die geheimen Unterlagen im Gästehaus liegenlassen, das vom Geheimdienst überwacht wird." – „Gehn S'", antwortete der Kanzler schmunzelnd, „die ham des eh schon längst aus unserem Außenamt."

DER OPERNBALL

Wie kein zweites Kapitel paßt dieses zum Titel des Buches. Vierzig Jahre lang beschäftigt er schon die Gemüter der Zweiten Republik. Zuerst war er nur das Ziel der Reichen, später auch der Demonstranten. Innen Schlacht am Buffet und auf der Tanzfläche, draußen Molotowcocktails und Schlagstöcke. Egal ob Gräfin Christl Schönfeldt oder Baronin Lotte Tobisch-Labotyn, die Organisatorinnen strahlten Gelassenheit und Souveränität ob solch niedrigen Zanks aus. Da immer weniger Künstler ihren auftrittsfreien Abend dort verbrachten, füllte die Politik das Vakuum auf. Wie gut, sei Ihrem Urteil überlassen.

LINKE GERADE

1991 war es der Golfkrieg, der die erste Absage des Festes der Republik erzwang. 1996 gab es keinen Hinderungsgrund, nicht einmal das Sparpaket hielt die Regierung ab zu kommen, mit einer Ausnahme: Bundeskanzler Franz Vranitzky. Das erregte natürlich den Groll jenes Mannes, der Vranitzky „entdeckt" hatte: Ex-Finanzminister und Ex-Vizekanzler Hannes Androsch, der dahinter einen Publicitygag vermutete. In der „Krone" monierte der Gelegenheitskolumnist A. die Abwesenheit des Kanzlers angesichts geballter ausländischer Wirtschaftsprominenz.
Franz V., dazu befragt, konterte nach einer kurzen Nachdenkpause in verbaler Boxmanier – wobei er den Namen des Widersachers konsequent vermied: „Von den Kolumnisten der ‚Krone' ist der Staberl reifer, der Nenning origineller und vom Jeannée ist ein besseres Foto in der Zeitung."

SPONTAN

Die neue amerikanische Botschafterin in Wien, Swanee Hunt, erlebte 1994 ihren ersten Opernball. Sie war sehr angetan von dem prächtigen Treiben in einem Opernhaus; vor allem weil ihr Gatte Dirigent ist. Wie viele prominente Gäste machte auch sie dem Kanzler in seiner Loge die Aufwartung. „Ich bin neugierig, wann ich Franz sagen darf?" – „Und ich bin neugierig, wann ich Swanee sagen darf?" – „Ab jetzt, Franz!"

DAMENWAHL

HFK, hinter diesem Kürzel verbarg sich eine österreichische Reporterlegende. Unseren älteren Lesern ist er sicher noch als die Idealbesetzung des Opernballreporters geläufig; im Frack zählte er stets zu den elegantesten Erscheinungen.

Auf dem Opernball 1972 wurde der Sozialdemokrat Kreisky, mit makelloser Frack- und Ordensbrust, vom Starreporter des ORF interviewt. Auf das Tanzen angesprochen, gestand der Kanzler seine Unlust. Fischer-Karwin bohrte weiter: „Und was machen Sie bei der Damenwahl?"
Kreisky nach kurzem Nachdenken: „Einmal ist mir so etwas in einer niederösterreichischen Stadt passiert. Als die Damenwahl über eine Stunde verlängert wurde, bin ich dann an jenen Ort geflohen, den man hierzulande ‚Häusl' nennt."

DIE RACHE

HFK gab sich damit noch nicht zufrieden und forschte nach Erlebnissen weiter, vor allem in der Jugend. Darauf K.: „Damals war ich ein junger Revolutionär, der für derartige Festivitäten keine Zeit, sondern nur Verachtung übrighatte."
Schlußendlich wollte Fischer-Karwin wissen, wie es sich jetzt mit der revolutionären Einstellung des Kanzlers verhielte.
„Daß junge Revolutionäre im Alter mit Frack und Orden herumgehen, scheint die Rache der Geschichte zu sein . . ."

WARTEN

Fünf Jahre später kam der Autor in dieselbe Situation – Heinz Fischer-Karwin war inzwischen in Pension gegangen. Der Kanzler hielt hof in seiner Staatsloge, vis-à-vis der des Bundespräsidenten, und machte einen mürrischen Eindruck. Darauf fragte ich ihn: „Herr Bundeskanzler, was machen Sie eigentlich auf dem Opernball? Sie tanzen nicht, Sie trinken nur Mineralwasser . . ." – „No, ja" kam zögerlich die Antwort, „reden, viel reden . . ." und dann nach einer Pause: „Und warten, bis der Herr Bundespräsident geht. Dann kann ich auch gehen."

WINNETOU

Zu den eifrigsten Opernballbesuchern zählte jahrelang Bundeskammerpräsident Rudolf Sallinger. Nicht daß der „Kugelblitz" so ein begeisterter Tänzer und Nachtmensch gewesen wäre, er verstand internationale Gäste einzuladen als Dienst an der Wirtschaft.
Fremdenverkehrschef Klaus Lukas – inzwischen ist er selbst Politiker geworden – lud einmal den französischen Filmstar Piere Brice und dazu noch ein paar Schönheitsköniginnen ein. Als er mit den Missen in „Rudi-Onkels" Loge aufkreuzen wollte, meinte der: „Gell, die Damen kannst da g'halten, da bin i schon z'alt dazu, bring ma liaba den Winnetou in die Loge, der erinnert mi an mei Jugend."

TITELMANIE

Zur Titelsucht der Österreicher habe ich bereits in meinem letzten Buch „Ich bin im Bild“ eine Auswahl höchst amüsanter, aber auch ärgerlicher Beispiele geboten. Doch diese Sucht ist nicht kurierbar. Nach wie vor verspürt der Österreicher geradezu einen manischen Drang, dem Visavis einen Titel anzubiedern, ob er nun einen hat oder nicht, ob er damit angesprochen werden will oder nicht. Vom Ziel mancher Frauen, einen akademischen Grad lieber zu heiraten als zu erwerben, ganz zu schweigen.

BRILLENTRÄGER

Heribert Steinbauer, langjähriger ÖVP-Mediensprecher, ob seines markanten Profils von vielen verdächtigt, ein- oder mehrfach graduiert zu sein, wies den akademischen Grad stets so zurück: „Ich bin nicht Doktor, nur Brillenträger."

AUFSICHT

Auch Gerd Bachers Karriere gab vielen Anlaß zur Titelsuche. Wurde er wieder einmal „promoviert", antwortete er: „Ich bin nicht Doktor, aber ich beaufsichtige Doktoren."

ENTTÄUSCHUNG

Bleiben wir bei Bacher, genauer bei seinem Ex-Schwiegersohn Peter Rabl, ebenfalls ein erfolgreicher Studienabbrecher. In seiner Sendung „Zur Sache" saß eine Runde, um über die Frage zu diskutieren: „Fressen die Beamten den Staat auf."
Im Mittelpunkt des Disputes der streitbare Gewerkschaftsvorsitzende der Beamten, Siegfried Dohr – ohne akademischen Grad. Zuerst titulierte er Peter Rabl mit Doktor, der lehnte ab, dann den Unternehmer Thomas Prinzhorn, eben von Jörg Haider für die F gewonnen. Der wies diese Würde ebenfalls zurück, ist er doch „nur" Diplomingenieur. Da tat Siegfried Dohr einen tiefen, enttäuschten Seufzer: „Ja, san da überhaupt kane Doktoren da?"

DOKTOR ODER DIREKTOR

Schon Julius Raab griff gern zum Mittel, eine fehlende akademische Würde durch einen verliehenen Titel zu ersetzen.
Auch sein Nachfolger Rudolf Sallinger benützte diesen T(r)ick. Als in der Kammer die Position des Leiters für Außenwirtschaft und Integration zu besetzen war, fragte der

„Kugelblitz“: „Is des a Akademiker?“ Die Antwort seines treuen Sekretärs Herbert Retter war: „Nein.“ – „No, dann mach man zum Direktor!“

GENERALSEKRETÄR(E)

Auch innerhalb der Medien kann es eine sehr diffizile Rang- und Hackordnung geben. Als im ORF der Generalsekretär des geschaßten Gerd Bacher, Paul Twaroch, nicht weichen wollte, schuf Nachfolger Oberhammer einfach einen zweiten Generalsekretär. Nachdem der Titel schon vergeben war, nämlich Generalsekretär *des* ORF, nannte man den zweiten (den SPÖ-Mann Heinrich Keller): Generalsekretär *im* ORF.

ERZBISCHOF

Viele Jahre später entstand im „Kurier“ eine ähnliche Situation. Peter Rabl wurde Chefredakteur der Zeitung, wollte aber gleichzeitig den alteingesessenen Hans Rauscher aufwerten, und machte ihn ebenfalls zum Chefredakteur. Einem verwirrten Journalisten erklärte er die neue Ordnung mit einem Vergleich aus der römisch-katholischen Kirche: „Ich bin der Erzbischof, Hans Rauscher ist Titularbischof; er hat aber kein Nachfolgerecht.“

PS: Beim fülligen Hans Rauscher bot sich allerdings der pastorale Vergleich an.

DER VERZICHT

Als der Volksschauspieler Fritz Eckhardt vom Bundespräsidenten den Titel Professor verliehen bekam, stach Hans Weigel, kritisches Kulturgewissen der Nation, der Hafer. Er verfaßte an Eckhardt folgendes Telegramm: „Hiemit lege ich den Titel Professor zurück. Albert Einstein.“
Als der Tatort-Kommissar und Serienstar des Fernsehens am

Silvesterabend des Jahres 1995 starb, fand man in seinem Testament einen Passus: Sein Grabstein solle *nicht* mit dem Titel Professor verziert werden.

POLITIK & ADEL

Die österreichischen Aristokraten spielen im Bereich der Politik eher eine untergeordnete Rolle; bisweilen treten sie als Ehemann ins Rampenlicht, wie Graf Mensdorff-Pouilly. Bei den Medien versuchen sie sich von ihren meist konservativen Adelsbrüdern und -schwestern durch bewußte Provokation abzugrenzen, etwa Hubertus (Graf) Czernin, der frühere „profil"-Herausgeber, auch der „rote Graf" genannt; mit demselben Prädikat wurde auch die langjährige ORF-Korrespondentin Barbara Coudenhove-Kalergi belegt, nachdem sie im sozialistischen Zentralorgan „Arbeiter-Zeitung" gearbeitet hatte. Ein paar Exemplare haben sich aber doch auf die politische Bühne verirrt.

GRAF JOHN

Es ist von Graf John Gudenus und nicht vom legendären Grafen Bobby die Rede. Eine gewisse Ähnlichkeit ist nicht zu leugnen, wiewohl der eine nur eine Kunstfigur war. Dabei entstammen der Familie Gudenus zweifelsfrei untadelige Persönlichkeiten, Diplomaten, Priester, Kaufleute. Auch der bekannte steinzeitliche Fundort im Waldviertel trägt den Namen Gudenus-Höhle. Dies zur Vorgeschichte.
Der blaublütige Offizier John Gudenus sorgte drei Jahre lang im Parlament – und schon vorher im Bundesrat – für manch schrulligen Zwischenruf, ehe er durch eine Äußerung zu den Gaskammern im Dritten Reich für Jörg Haider untragbar wurde und den Hut nehmen mußte – allerdings noch vor Haiders Rede bei den SS-Veteranen.

Fast schon legendär ist der Disput zwischen Gudenus und dem damaligen Vizekanzler und Wissenschaftsminister Erhard Busek.
Gudenus hatte im Streit um das Museumsquartier den berühmten Schiele-Sammler Dr. Rudolf Leopold als „pathologisch“ bezeichnet. Worauf Busek von der Regierungsbank dem Redner zurief: „Wenn Ihre Ahnen jene Haltung zur Kultur gehabt hätten, wären wir heute noch im Urwald.“ Das löste bei Gudenus einen Schwall an Beschimpfungen aus: „Sie gehören geohrfeigt, Koalitionstrottel, Idiot ...“ Von der ÖVP-Seite kamen Zwischenrufe wie: „Auf die Bäume, auf die Bäume!“
Auch bedauerte der Graf, daß er Busek nicht mehr zum Duell fordern könne.
Wenige Tage nach seinem politischen Sturz fährt Gudenus auf einer Rolltreppe. Plötzlich hört er von hinten: „No, Sie ham's a net lang überlebt.“ Er dreht sich um. Es ist Erhard Busek.

SNOB

Gudenus besucht als frischgebackener Leutnant den Offiziersball, damals noch in der kitschigen ehemaligen Schwimmschule, den Sofiensälen. An der Sektbar trifft der baumlange Adelssproß auf seinen einstigen akademischen Lehrer an der Militärakademie, den jüngsten Rektor der Uni Wien, Professor DDr. Günther Winkler, zwei Köpfe klüger, aber auch kleiner als Gudenus.
Es entsteht folgender Dialog zum Thema Snob: „Magnifizenz wissen ja, was ein Snob ist?“ Winkler zuckt mit den Achseln. „No, ein Snob ist ein Mensch mit einem Brett vor'm Kopf, aber das Brett ist aus Mahagoni.“
Darauf sieht der kleingewachsene Rektor langsam zu dem 1,95 großen Leutnant hinauf und sagt trocken: „Gudenus, Brett bleibt Brett!“

STILBEWUSST

Eines mußte man dem schrulligen Grafen zugestehen, daß er stets dem Anlaß und der Etikette gemäß gekleidet war und sich auch dementsprechend zu benehmen wußte. Er hatte seine Lektionen beim ebenfalls adligen Benimm-Lehrer der Republik, dem kaiserlichen Rittmeister a. D. und späteren Oberstleutnant a. D. Willy Elmayer (von) Vestenbrugg, tadellos gelernt.
Es war kurz vor 19 Uhr, also jener Stunde, wo man nach Elmayer seine Kleidung auf den Abend umzustellen hatte, als Gudenus mit einem Jugendfreund über den Graben ging. Plötzlich hielt er inne: „Willi“, sagte er vorwurfsvoll zu seinem adligen Begleiter, „ich kann mit dir nicht weiter ausgehen. Du hast braune Schuhe an.“

DER ENTERTAINER

Wer die Reden im Parlament regelmäßig verfolgt, entwickelt natürlich gewisse Vorlieben. Es gibt brillante Redner, aber auch Publikumslieblinge der Politshow, die geübte Zwischenrufer anziehen wie ein Naturschnitzel im Gastgarten die Wespen. Am 10. März 1993, zu sehr später Stunde, schritt mit seinem Gardemaß Oberst John Gudenus zum Rednerpult. Dazu folgender Auszug aus dem Parlamentsstenogramm, den meine bildhübsche Kollegin Erika Bettstein literarisch verfeinert hat:

Gudenus (zum ÖVP-Mandatar Andreas Khol): Entweder hat sich der Professor Khol das Wort „Hausaufgaben" von uns Freiheitlichen abgeschaut oder er hat es aus dem Amerikanischen übersetzt, das Wort „Homework".

Zwischenruf Khol: Ein wahrhaft gebildeter Mensch!

Gudenus: Oder Professor Khol kommt in eine „Deformation professionelle".

Khol: Er kann Englisch und Französisch. (Gelächter und Stimmengewirr im Plenum.)

Schieder (SPÖ): Ich bin ja froh, daß Sie Homework nicht mit Heimatwerk übersetzt haben.

Gudenus: Das ist schön. (Andreas Khol zerkugelt sich förmlich, applaudiert.)

Schieder: Heute ist er der Retter des Abendlandes und der Hausaufgaben!

Gudenus (sendungsbewußt): Jawohl. (Gemurmel, Gelächter, Gekicher im Plenum.) Die Fürwitzigkeit gegen Mitternacht nimmt zu. Um aber die Fürwitzigkeit nicht auf die Spitze zu treiben, möchte ich Ihnen sagen: Wir Freiheitlichen sind nicht gegen die EG.

Plenum: Ööööhhhh!

Gudenus: Wir sind aber sehr nachdenklich gegenüber der EG.

Plenum: Aaaahhh!

Gudenus: Und kritisch gegenüber der dilettantischen EG-Politik der Bundesregierung.

Khol (in ungebrochener Heiterkeit): Das wird die EG kränken! (Präsident Lichal versucht zaghaft, Ordnung ins unterhaltsame Tohuwabohu zu bringen.)

Gudenus (erhebt die Stimme): Die Bevölkerung Österreichs muß den Eindruck gewinnen – und ich bezweifle aus guten Gründen, ob die Bevölkerung diesen Eindruck gewinnt, daß

die Verhandler mit höchstem Einsatz handeln. (Heiterkeit im Saal.)
Gudenus: Der Europäische Rat soll auch bei der Gesetzgebung öffentlich tagen und nicht hinter verschlossenen Türen.
Marizzi (SPÖ): Polstertüren.
Gudenus: Ich freue mich, daß Kollege Marizzi mir zustimmt. (Marizzi nickt, verbeißt das Lachen.)
Gudenus: Der Lerneffekt setzt auch spät gegen Mitternacht ein. (Lautes Gelächter, Marizzi unterhält sich lautstark mit anderen Abgeordneten.)
Gudenus (zu Marizzi): Melden Sie sich dort zu Wort oder ich mach' eine Sprechstunde für Sie. (Ungehemmte Heiterkeit im Saal.)
Gudenus: Sie sollten in Brüssel gemeinsam mit der Opposition verhandeln.
Schieder: Ich stell' mir das plastisch vor. Sie und der Voggenhuber verhandeln dort für Österreich! (Das Gelächter schwillt an.)
Gudenus (verwirrt): Was verhandeln wir? (Zwischenrufe: Hoppala, hoppala.)
Gudenus (ernsthaft): Ich glaube nicht, daß der Kollege Voggenhuber mit mir gerne verhandeln würde . . .
Plenum: Um Gottes willen!
Gudenus (nach weiteren Überlegungen, die dem Lärmpegel zum Opfer fallen): Ich komme zum Schluß, meine Damen und Herren . . .
Plenum: Aaaaah. (Allgemeines Klatschen, Lachen, in dem die abschließenden Ausführungen des begabten Entertainers untergehen. Nach Ende der Rede bezweifelt Präsident Lichal offensichtlich, daß zu so später Stunde noch einmal Ernsthaftigkeit aufkommen könnte. Die Sitzung wird unterbrochen.)

UNTER UNS

Baron Kövess von Kövessháza, Sohn des bekannten Heerführers und späteren Feldmarschalls, den Kaiser Karl noch am 3. 11. 1918, also nur neun Tage vor der Verzichtserklä-

rung, zum letzten Oberkommandierenden der k. u. k. Armee ernannt hatte, traf auf einem Empfang mit dem damaligen Außenminister Dr. Bruno Kreisky zusammen. Seine Gattin bat Kreisky um eine Intervention für eine entfernte Verwandte.
Bruno K. galant: „Natürlich, Baronin, das werden wir schon machen." – „Aber, aber, Herr Minister", meldete sich da der Gatte zu Wort: „In Österreich ist doch der Adel längst abgeschafft!" – „Aber ich bitt' Sie, lieber Baron", replizierte Kreisky. „Wir sind doch unter uns."

BARONIE

Kreisky war sich seiner Wirkung im großbürgerlichen und adligen Milieu sehr bewußt und nahm dementsprechend oft Einladungen an. So auch zur Paneuropa-Bewegung des Kaisersohns Otto von Habsburg. Der rührige Generalsekretär, Lacy Milkowicz, stellte für diese Treffs seinen Salon zur Verfügung. Als sich das Gespräch wieder einmal um das Span-

nungsverhältnis Adel und Sozialdemokratie drehte, war von K. folgendes zu vernehmen: „Wär'n ma no in der Monarchie, wär ich mindestens schon Baron."

DER KUNSTKENNER

Zu den SPÖ-internen Konfliktpunkten gehörte jahrelang die Causa Habsburg, also das Einreiseverbot für diejenigen Mitglieder des einstigen Herrscherhauses, die keinen Thronverzicht geleistet hatten.

1972, anläßlich eines runden Geburtstages der von Otto von Habsburg gegründeten Paneuropa-Bewegung, empfing Bruno Kreisky den Kaisersohn erstmals persönlich in seinem Arbeitszimmer.

Dazu zwei Vorbemerkungen: Hinter dem Schreibtisch des Kanzlers hing damals ein großes Bild des Malers Friedensreich Hundertwasser, vor dem er oft fotografiert wurde, eines Malers, von dem auch Otto Habsburg einige Bilder besitzt.

Die beiden Herren waren etwa fünfzehn Minuten allein. Danach fragte Kanzler-Sekretär Johannes Kunz neugierig: „Wie war er?" Kreisky knapp: „No, vom Hundertwasser versteht er viel."

ADLIGE LÜGEN NICHT

Für die folgende Anekdote ist der Autor der einzig lebende Zeuge: Es war am Höhepunkt der Medienberichterstattung um Verteidigungsminister (Freiherr von) Lütgendorf und dessen vieldiskutierte Geschäftsverbindungen mit dem Waffenhändler und Bordellbesitzer Alois Weichselbaumer, als ich im April 1977 zum Kanzler gerufen wurde. „Jo" Kunz, der langjährige Pressesekretär und spätere Fernsehintendant hatte das eingefädelt, wissend, daß ich als ehemaliger Offizier unter dem adligen General gedient hatte.

Kreisky kam ohne lange Umschweife zum Thema: „Sie wissen, warum ich einen General und nicht einen Politiker zum

Verteidigungsminister gemacht habe?“ Und ohne eine etwaige Antwort von mir abzuwarten: „Damit die Herren Offiziere nicht Angst haben, daß jetzt die roten Kohorten kommen.“ Um gleich auf die Waffengeschäfte zu kommen: „Ich glaub' da weniger den Zeitungen“ – gemeint war „profil“ – „als dem Minister. Der ist doch aus einem alten Geschlecht! Der kann mich doch nicht anlügen.“

LANDGUT

Adel hin, Adel her; Kreisky mußte sich nach einigen Wochen eingestehen, daß ihn der Freiherr angelogen hatte. Er ließ ihn via Fernsehen wissen, daß seine letzte Stunde geschlagen habe ...

Ohne mit dem Kanzler auch nur ein Wort gewechselt zu haben, erschien „Lü“ am Dienstag nach Pfingsten, nach der Rückkehr des Kanzlers aus Mallorca, mit dem Rücktrittsschreiben in der Armbrustergasse. Lütgendorfs letzte Worte in die TV-Kamera: „Ich werde mich um mein verschuldetes Landgut kümmern."

PS: Das Ende des Freiherrn ist bekannt.
PPS: Das Landgut, samt Schulden, hat 1990 Ankerbrot-Besitzer Helmut Schuster gekauft.

KUKURUZ

Eigentlich wollten ja beide Verteidigungsminister werden; der eine wäre sicher ein passabler geworden, da er ein politischer Kopf war – reüssiert hat aber der andere. Sie haben es erraten: die Rede ist von zwei Generälen – Emil (Graf) Spannocchi und Karl Ferdinand (Freiherr von) Lütgendorf. Natürlich stellte bald ein spaßiger Kopf die Frage, wer mehr in der (Adels-)Hierarchie sei, der Minister oder der Armeekommandant.
Darauf der „Lü": „An sich zählen natürlich die Grafen mehr, aber meine Familie ist mehr als siebenhundert Jahre alt." Und dann noch ein kleiner Schlenzer: „Wißt's eigentlich, was Spannocchi auf deutsch heißt? Kukuruz!"

ZIVILCOURAGE

Spannocchi schrieb Ende der sechziger Jahre in der ÖMZ, der Österreichischen Militärischen Zeitschrift, einen später noch vielbeachteten Artikel, der bereits den Kern der späteren Spannocchi-Doktrin erkennen ließ.
Minister Prader, dem irgendein politischer Einflüsterer etwas Negatives zugesteckt hatte, stellte den General zur Rede: „Wos hast denn da g'schrieben?" Spannocchi, der wie Prader das Stiftsgymnasium in Seitenstetten besucht hatte und mit ihm daher per du war, antwortete militärisch knapp: „Herr Minister, hast du den Artikel bereits gelesen?" – „No, auf Seite zwa bin i." Spannocchi, ohne zu zögern: „Dann lies ihn bitte zuerst zu Ende", schlug die Absätze zusammen, verbeugte sich, und ließ einen verdutzten Minister zurück.

ALLIANZ ODER 1866

Wie lang der Arm der Geschichte oft reicht, soll die folgende Geschichte dokumentieren, die vom ÖVP-Klubobmann Andreas Khol stammt.
In den späten siebziger Jahren besuchte (erstmals) ein Spitzenpolitiker der DDR das Europäische Parlament: der Vorsitzende der DDR-Volkskammer, der Sachse Sindermann, traf im politischen Ausschuß auf die beiden Europaparlamentarier Fürst Bismarck (CDU) und Otto Habsburg („königlich wittelsbacherische" CSU). Beide Abgeordneten fragten Sindermann recht unangenehm nach den Menschenrechten. Da flüsterte der schwerhörige Sindermann seinem Stasi-Begleiter zu (so daß es alle hören konnten): „Dem Preußen gebe ich keine Antwort, aber dem Habsburger schon; schließlich sind wir 1866 mit Österreich gegen die Preußen im Felde gestanden."

DER THRONFOLGER

Eigentlich war die Schnurre für ein anderes Kapitel gedacht. Da aber der Betroffene inzwischen das Lager gewechselt hat, kann ich sie beruhigt ins Kapitel Politik & Adel einreihen.

Rudi Klausnitzer gebar, als er noch im ORF war, die Idee eines Fernseh-Ratespiels, in dem der Fragesteller die wichtigste Person war. Der mußte natürlich von einer außergewöhnlichen Prominenz sein. So stieß man auf den Kaiserenkel Karl (von) Habsburg. Prompt gab es einen veritablen politischen Krach. Josef Cap, damals noch Mediensprecher der SPÖ, protestierte als ORF-Kurator bei Generalintendant Gerd Bacher persönlich gegen den Auftritt des blaublütigen Sprosses.
G. B. befragte seinen langjährigen „Ziehsohn" und einstigen Sekretär Klausnitzer, warum er just auf den Kaiserenkel gekommen sei? Der meinte: „Rudi Carell is a kana, aber für an Thronfolger is a sensationell."

BERUF

Es ging um politische Quereinsteiger und Aussteiger. So saßen sie einander gegenüber: der EU-Spitzenkandidat Karl Habsburg und der Ex-ÖVP-Gemeinderat und „Aufdecker der Nation“ Ing. Alfred Worm. Austragungsort: Attila Dogudans Onyx-Bar, in der wöchentlich „Zur Sache mit Peter Rabl“ live gesendet wird. Als es über die Qualifikation für das Geschäft des Politikers ging, meinte Worm zu Habsburg: „Was machen Sie eigentlich sonst, außer Kaiser-Enkel?“

DER NEUE ADEL

Natürlich wurden zahlreiche Versuche gestartet, Ersatzsysteme zu finden. So entstand etwa der „rote Hochadel“. Darunter verstand man Söhne und Töchter bereits arrivierter Sozialdemokraten aus der Ersten Republik oder aus den Anfängen der Zweiten Republik. Und die heirateten standesgemäß wie einst die adligen Häuser. Dazu benötigten sie auch das

entsprechende Ambiente. So entstand etwa der Club 45, die „rote Loge" von Wien, finanziert von der „schwarzen" Girozentrale unter Josef Taus. Auch das ist Österreich. Schöpfer war ein besonders bunter Vogel: Udo Proksch, alias Serge Kirchhofer, nach eigenen Angaben: Schweinehirt und Designer.

DER WECHSEL

1974 übernahm Udo Proksch offiziell die Führung der k.u.k. Hofzuckerbäckerei Demel. Ein Drittel des angestammten Personals wurde sofort entlassen, der Küchenchef, der die Gewerbeberechtigung besaß, flüchtete freiwillig in die Frühpension. Die Demel-Stammgäste, viele davon aus der sogenannten „besseren Gesellschaft", blieben bald aus. Udo Proksch: „Wir brauchen sie gar nicht, die Grafen, die Erbprinzen, alle die Herren. Die Zeit der Herren ist vorbei!"

OKTOBERREVOLUTION

Die letzten Demel-Stammgäste vertrieb der neue Gastronom – wie mir der Journalist und Buchautor Hans Pretterebner erzählte –, als er es sich nicht nehmen ließ, zur „Feier" des Jahrestages der russischen Oktoberrevolution einen brennenden Zarenpalast aus Marzipan und ein Lenin-Porträt in die Auslage am Kohlmarkt 14 zu stellen. Der legitimistische Schriftsteller Alexander Lernet-Holenia reagierte angemessen: Er spuckte dem neuen Demel-Herrn ins Lokal und wurde im einstigen kaiserlich-königlichen Tortentempel nie wieder gesehen.

BESCHNEIDUNG

Entsprechend geschmackvoll sah bald auch das „Kaiserzimmer" aus, das Proksch nach der Übernahme des Demel renovieren ließ: Die Wände waren aus nacktem grauen Schalungsbeton. Bundeskanzler Kreisky persönlich nahm die Eröffnung vor. Witzbold Udo Proksch hatte zu diesem Zweck zwei Bänder vorbereitet: ein rot-weiß-rotes, das für den Kanzler bestimmt war, und ein schwarz-gelbes für Verteidigungsminister Lütgendorf, „denn der", so Proksch, „ist ja ein Freiherr". Darauf Kreisky: „Aber was, her mit der Scher'" – und schnitt beide Bänder gleich in einem durch.

DEGRADIERUNG

Karl Freiherr von Lütgendorf, den Kreisky angeblich auf Vorschlag von Udo Proksch ernannt haben soll, war bei vielen Späßen dabei, die Proksch ausheckte. So etwa den im späteren Lucona-Prozeß oft genannten Verein „CUM", das heißt „Civil und Militär". Mit ausgeheckt wurde diese Idee unter anderem vom damaligen ORF-Sportchef und späteren Generalintendanten „Teddy" Podgorski. Im „Gutruf", dem Stammlokal der Proksch-Partie, war auch die Offiziersmesse. Dort wurden regelmäßig militärische Ränge vergeben. Podgorski, ein weißer Jahrgang, erreichte sogar den Rang eines „Majors". Diese Beförderung war allerdings – so erzählt mein Gewährsmann – illegal, da sie in Abwesenheit des Verteidigungsministers vorgenommen worden war, worauf Podgorski von Lütgendorf später in einer beeindruckenden Zeremonie wieder „degradiert" wurde.

ARBEITERHOSE

Seit den Neunzigern gilt es für jüngere Manager und andere erfolgreiche Menschen als chic, zwar Sakko und Krawatte als äußere Zeichen der Konvention zu tragen, darunter aber die blauen Röhrlhosen, auch Blue jeans genannt. Als bei Peter Rabls „Zur Sache" der „Konsum"-Sanierer Hans-Jörg Tengg, angetan mit klassischem Zweireiher, dem so gekleideten Direktor der Wiener Arbeiterkammer, Werner Muhm, gegenübersaß, meinte er süffisant: „Maßgeschneiderte Arbeiterhose."

VON MÖRTEL

Ein zweiter Versuch, die Lücke der Nobilitierung zu schließen, ist die Aufnahme in die „Seitenblicke"-Gesellschaft.
Als der Wiener Gesellschaftsjournalist Michael Jeannée als bevorzugtes Objekt seiner Feder den Wiener Baumeister Richard Lugner auserkoren hatte und ihn liebevoll spöttisch „Mörtel" nannte, wollte ein Mini-Kolumnist Lugner gegen den unliebsamen Konkurrenten aufhetzen: „Klagen S' doch den Jeannée wegen Verächtlichmachung, wegen Ehrenbeleidigung, wegen Geschäftsschädigung ..." – „Ja, warum soll i denn klagen?" fragte verstört der Baumeister. – „No, wegen dem Spitznamen ‚Mörtel', des is do a Herabsetzung." – „San S' deppert? Bevor der Jeannée des g'schrieben hat, war i nur a afacher Wiener Baumeister. Jetzt bin i da Mörtel von Österreich!"

INTERVENTION

Als der damalige ORF-Generalintendant Podgorski dieser Gesellschaft auch noch eine eigene Sendung widmete, wurde ein Alptraum der ORF-Kuratoren Wirklichkeit: die beliebteste ORF-Informationssendung unter Ausschluß der Politiker.
Teddy Podgorski erzählt: „Am Vormittag forderte der Fraktionsführer der ÖVP im Kuratorium die Absetzung der neuen Sendung ‚Seitenblicke', am Nachmittag intervenierte er für eine Aufnahme von Bundespräsident Kurt Waldheim für ebendieselbe." Um stolz hinzufügen: „Erfolglos, versteht sich!"

PS: Inzwischen haben sich die Politiker den Platz in der Sendung zurückerkämpft, indem sie sich die Lugners, Antels, Schillers u. a. einladen, wie etwa Verteidigungsminister Fasslabend zu seinem 50. Geburtstag. Dann ist auch bei einem Fest eines Politikers eine TV-Kamera zu finden.
PPS: ÖVP-Generalsekretärin Maria Rauch-Kallat hat für die „Klassengesellschaft" am besten vorgesorgt: Sie hat einen Grafen geheiratet und ist daher fast ständig im Bild.

UNDELIKAT

Wie schnell sich diese sogenannte „neue“ Gesellschaft decouvrieren sollte, zeigen zwei Fälle.
Da er zum Kanzlerfest nicht eingeladen war, „lud“ sich „Mörtel“ Lugner selbst ein, mit einer sehr kleinen „Charity-Spende“ für Ehefrau Christine Vranitzky. Er blieb aber nicht lange, da ihm offenbar der Mossboek und die Schillers fehlten.
Viel ärgerlicher der Fall O. W. Fischer, nein, es war ein Fall Lugner. Der einundachtzigjährige Star unzähliger Nachkriegsfilme wurde in der „Kurier“-Romy-Gala für sein Lebenswerk geehrt und bekam Standing ovations vom fachkundigen Publikum, mit Nationalratspräsident „Heini“ Neisser an der Spitze. Anderntags titelte „Bild“ aus dem fernen Berlin: „Sexaffäre mit 81“. Lugner im Originalton: „Der Lustgreis wollte meiner ‚Mausi‘ unters Mini-Rockerl.“ Dabei hatte er ihr nur kurz die Hand aufs Knie gelegt. O. W.: „Für einen Großvater beinahe eine Ehre, wenn einem so etwas nachgesagt wird. Ich muß eine Satire darüber schreiben.“
Die einzig richtige Antwort gab der gleichaltrige Zeuge Franz Antel: „Ein undelikater Werbe-Gag vom Lugner.“

POLITIK & MEDIEN

Ohne Medien wäre Politik heute nicht mehr vorstellbar. Was einst das Wirtshaus oder das Sektionslokal war, ist heute der Fernsehschirm. War früher Urigkeit gefragt, wird nun nach Telegenität gerufen. Der letzte Mann, der unser Gewerbe kongenial verstand, war Bruno Kreisky, der von sich selbst sagte, daß er lieber Journalist als Politiker geworden wäre, aber die AZ („Arbeiter Zeitung") habe ihn nicht genommen. Er dominiert natürlich dieses Kapitel.
Doch der Umgang mit den Medien ist nicht ohne Tücke.
In dieses Minenfeld größerer und kleinerer Eitelkeiten und Schwächen wollen wir uns nun gemeinsam begeben. Seien Sie, verehrter Leser, nicht ungehalten ob des Tons – hier wird meist Fraktur geredet.

GAZELLE

Am Anfang des Fernsehens ging es vor allem um die Führungspositionen – schön nach dem allgegenwärtigen schwarz-roten Proporz. Da die ÖVP zunächst mit dem „Büdlradio“ nichts anzufangen wußte (Julius Raab: „Aus dem Kastl wird eh nix“), geriet sie nach der Bestellung des Sozialisten Gerhard Freund zum ersten Fernsehdirektor in arge Bedrängnis. Es mußte ein „Schwarzer“ her. Die Suche war langwierig, die politischen Talente in der rechten Funkhälfte nicht in großer Zahl vorrätig. Schließlich fand man eines in der Person von Friedrich Hansen-Löve. Ein hochgebildeter Mann, phantasievoll, feinnervig. Er wurde zu Kanzler und ÖVP-Chef Julius Raab bestellt. Dabei entwickelte sich folgender Dialog: „Hansen-Löve!“ – „Ja, Herr Bundeskanzler.“ – „Freut mich! Sie wissen, was Sie zu tun haben. Sie müssen kämpfen wie ein Bulle.“ – „Herr Bundeskanzler, ich bin aber eine Gazelle.“ Raab: „Dann san S’ eben a Gazellenbulle!“

I ODER I

In den siebziger Jahren entstand eine neue Form des politischen Interviews: das sogenannte „Ich-Interview".
Eine Persönlichkeit, die zwei prominente Funktionen hatte, zwischen denen gewisse Spannungen bestanden, sprach mit dem anderen Ich. Herbert Vytiska, damals beim „Stern", sprach Bruno Kreisky an, ob er als SPÖ-Vorsitzender so ein Gespräch mit sich als Bundeskanzler führen würde. Kreisky gefiel die Idee recht gut, er bat sich aber Bedenkzeit aus.
Nach drei Wochen kam der ersehnte Rückruf: „Also wissen S', ich würde das Interview ja gern machen. Aber in der Partei täten s' es net verstehen. Die würden sagen, jetzt dreht der Alte durch, jetzt redt er schon mit sich selbst."

DER TRICK

Um Kreiskys Lieblingsklientel – die Journalisten – zu beeindrucken, mußte selbst der Bundespräsident herhalten. Hans Werner Scheidl von der „Presse" erinnert sich:
Das alljährliche große Sommer-Schlußinterview mit zwei Innenpolitikern des „großen Horizonts" war wieder einmal zur Abendstunde angesetzt. Nach einer Stunde trat Margit Schmidt, der langjährige treue Schatten des Journalistenkanzlers, auf den Plan: „Herr Bundeskanzler, der Herr Bundespräsident wartet." – „Muß noch a bißl warten, jetzt is' die ‚Presse' bei mir." Die zwei Journalisten sitzen bald auf Nadeln, nur Kreisky nicht. Weitschweifig erläutert er ihnen die Nahostsituation, sein Lieblingsthema, mit dem er auch Innenpolitiker nicht verschont. Eine halbe Stunde später tritt Margit Schmidt neuerlich auf: „Der Herr Bundespräsident wartet schon eineinhalb Stunden." Kreisky fährt ungerührt mit der Weltpolitik fort. Nach einer weiteren Stunde beendet er schließlich das Gespräch. Drüben in der Hofburg sind längst alle Lichter gelöscht. Rudolf K. ist heimgefahren. Oder hat vielleicht gar nie auf Bruno Kreisky gewartet.

SPÄTES FRÜHSTÜCK

Otto Pammer, legendärer Produzent der ORF-„Seitenblikke“, mußte sich in seiner langen Karriere die Brötchen auf vielen Feldern verdienen. So drehte er Mitte der siebziger Jahre einen Wahlkampffilm für die SPÖ, in deren Mittelpunkt – wer denn sonst – Bruno Kreisky stand. Als der Streifen, nach aufwendigen Dreharbeiten im Kanzleramt und in der Wohnung des Kanzlers, etwa beim Frühstück, endlich fertig war, wurde er dem obersten Werbemanager der Partei, SPÖ-Zentralsekretär „Charly“ Blecha vorgeführt. Der schüttelte nur den Kopf: „Den können wir nicht spielen!“ Otto Pammer war verzweifelt. „Was ist schlecht? Was gefällt dir nicht?“ Blecha ungerührt: „Den können wir so nicht spielen!“ Pammer nahm einen neuen Anlauf: „Die Belichtung ist o.k., der Schnitt flott . . .“ Blecha: „Technisch ist alles in Ordnung. Nur schau dir die Uhr hinterm Bruno beim Frühstück an. Da ist es neun Uhr fünfzehn. Ein SPÖ-Vorsitzender frühstückt spätestens um acht!“

NAMENSSICHERHEIT

Bruno Kreisky prahlte gerne, daß er alle Journalisten beim Namen kenne. Als Karl Amon, inzwischen renommierter Chefredakteur des ORF-Landesstudios Wien, am Beginn seiner Laufbahn zu einem Interview beim Kanzler kam, stellte er sich artig vor: „Amon, ORF.“ Kreisky winkte gönnerhaft ab: „Eine Vorstellung ist doch nicht nötig. Ich kenn’ Sie doch, Herr Hohmann!“

DIE WARNUNG

Kreisky lud von Zeit zu Zeit jüngere Redakteure – vor allem bürgerlicher Medien, wie etwa der guten alten „Tante“ „Presse“ – zu sich in die Armbrustergasse, um sie an den weltläufigen Gedanken eines jüdischen Großbürgers teilhaben zu lassen. Die Damen und Herren Journalisten putzten

sich natürlich für diesen Anlaß besonders heraus. So tat dies auch der Kollege H., der in einem fast blütenweißen Sommeranzug erschien. Das jungfräuliche Beinkleid des Journalisten fand das besondere Interesse von Bianca, der älteren der beiden Boxerhündinnen Kreiskys. Nun brauche ich nicht besonders zu erwähnen, daß Boxer, vor allem wenn sie älter sind, ordentlich sabbern.
In einem Augenblick, in dem er den Blick des Kanzlers auf einer Kollegin ruhen sah, versuchte H. den lästigen Trenzer durch einen – ohnedies nur angedeuteten – Stoß des Beines zu verscheuchen. Doch der allgegenwärtige Kanzler registrierte dies.
Am nächsten Tag nach dem Pressefoyer zog K. den „Presse"-Innenpolitiker Hans Werner Scheidl zur Seite: „Sagen S', Herr Kollege, was ist denn der H. für ein Mensch?" Scheidl konnte nur das Beste über seinen langjährigen Zimmerkollegen berichten. Bruno K. konnte dies nicht überzeugen: „Ich muß Sie vor dem H. warnen, das ist kein guter Mensch. Was der mit der Bianca gemacht hat. So ein liebes Tier."
H. hat von Bruno Kreisky nie mehr ein Interview bekommen.

REPORTERPECH

Zu den klassischen Übungen des Journalismus zählen die großen Sommergespräche in den Medien. Egal ob im Fernsehen oder in den politischen Magazinen soll damit die Sommerflaute an politischen Neuigkeiten überbrückt werden. Spätestens seit Bruno Kreisky sein Haus in Mallorca besaß, waren diese Ausflüge in der Branche sehr beliebt. Als die „profil"-Chefredakteure Helmut Voska und Alfred Worm von einem derartigen Trip nach Hause kamen und das Band des insgesamt siebenstündigen Interviews abhörten, packte sie der Schreck: Kein Ton war zu vernehmen. Was tun? Die beiden, erfahren im Umgang mit dem „Alten", rekonstruierten, so gut sie eben konnten, das Interview aus dem Gedächtnis, mischten alte Aussagen aus früheren Gesprächen dazu und legten es dem Kanzler zum üblichen Korrekturlesen vor.

Bald darauf kam ein Anruf vom Ballhausplatz: „Sehn S', meine Herren, endlich transferieren Sie, was ich wirklich g'sagt hab'!"

AUFGEMOTZT

Anton Benya war zwar in seiner Doppelrolle als Gewerkschafts- und Nationalratspräsident ein überaus mächtiger Mann, diese Machtfülle hielt aber nicht Schritt mit seiner Bereitschaft, den Journalisten Auskunft zu geben. Eines Tages rief Benya in der damaligen „Wochenpresse" an und beschwerte sich bitter, er hätte all die Dinge nie gesagt, die in der gestrigen Ausgabe stünden. Chefredakteur Dr. Hans Magenschab ließ sich den Mitarbeiter kommen, der das Interview mit Benya gemacht hatte: „Hat Sie der Teufel geritten?" – „Der Herr Präsident", kam zitternd die Antwort, „hat so Nichtssagendes g'sagt, daß i halt g'schrieben hat, was er besser g'sagt haben könnte."

DER LOCKVOGEL

Jetzt zu einem ungleichen Paar: dem „Stahlhelmer" Robert Lichal und der umweltbewegten Marilies Flemming.

Nach der Abwehrschlacht um den Draken, bei der einige Blessuren zurückgeblieben waren, verordneten Lichals Berater ihrem Boß eine Imageverbesserung: „Herr Bundesminister, am besten, Sie machen eine Veranstaltung mit der Frau Umweltministerin." Der Anknüpfungspunkt war rasch gefunden.
Auf dem Truppenübungsplatz Groß-Mittel, nahe Wiener Neustadt, lebt die sogenannte Gottesanbeterin, ein Tierchen, das es sonst in Europa nicht mehr geben soll. Am Tag des gemeinsamen Lokalaugenscheins war der Boden tief, so entschloß man sich spontan, einen Schützenpanzer zu besteigen. Lichal wollte gerade seiner Parteikollegin in das Stahlgefährt hineinhelfen, als deren Sekretärin, Angelika Mayerhofer-

Battlog, herbeistürzte: „Frau Minister, Frau Minister, doch nicht in einen Panzer!"

Lichal schildert die folgende Szene so: „Ich schob die Marilies hinein", wobei er den wohlgeformten, in eine knappe Jeans verpackten Ministerpopo bildlich darstellt; „die Mayerhofer zog sie heraus, ich wieder hinein . . . so ging das hin und her." Da sieht Lichal durch die Bordöffnung eine Kamera des ORF. „Marilies, ruf ich, das Fernsehen! Und schon war's drinnen im Panzer."

NJET

Eigentlich haben sie mir immer leid getan – die Kollegen von der kommunistischen „Volksstimme". Sie waren – wenn man sich nicht an ihrer Ideologie stieß – famose Kollegen, fachlich sehr gut beschlagen, ausgezeichnete Stilisten. Nur war ihnen im medialen Rollenspiel Österreichs die des Reibebaums zugedacht. Der Sozialdemokrat Bruno Kreisky beherrschte dies ebenso gekonnt wie der ÖAABler Robert Lichal. Beispiele gefällig?

Beim Besuch des sowjetischen Verteidigungsministers Dimitri Jasow in Wien – er gehörte später zu den Putschisten gegen Michael Gorbatschow – wurde die Abschluß-Pressekonferenz am Flughafen Schwechat inszeniert. Da die Iljuschin bereits startklar war, bat Ministerialrat Dr. Satorius-Thalborn, Langzeit-Pressechef des Heeres, um kurze Fragen und seinen Minister um kurze Antworten.

Ein Redakteur der „Volksstimme" meldete sich als letzter: „Haben Sie mit Minister Jasow Waffengeschäfte gemacht und wird die Königswarte (militärische Aufklärungs- und Abhöranlage), mit der ihr nach Rußland hineinhorcht, abgebaut?" Lichal, militärisch knapp: „1. Frage: Nein. 2. Frage: Nein!"

Dieser knappe Stil gefiel dem sowjetischen Gast derart, daß er sich mit einem kräftigen „Njet" anschloß.

Lichal später triumphierend: „Jetzt dürfen wir sogar mit sowjetischer Genehmigung abhorchen."

SIEBENTER ZWERG

Als der französische Präsident Chirac unmittelbar nach seiner Wahl die Weltöffentlichkeit mit seinen Atomversuchen im fernen Pazifik düpierte, verunsicherte dies natürlich auch seine konservativen Parteifreunde in Österreich. Da forderte die steirische „Krone“ Landeshauptmann Josef Krainer auf, einen Appell „Nein zu Atomversuchen“ zu unterschreiben. Der LH zögerte: „I waß net, ob i unterschreiben soll. Wan des unser Freund Chirac von seinen Mitarbeitern g'steckt kriegt?“
Darauf sein langjähriger Stellvertreter in der Partei, Gerhard Hirschmann: „Scher di was um den siebenten Zwerg vom Chirac. Der liest eh net die ‚Krone‘ und wird des nie erfahren.“

„DA SCHARFE“

Damit sind wir bei denen angelangt, ohne die wir dieses Bild der Politik unseren Sehern nicht vermitteln könnten: die Meister der Optik, die Kameramänner, inzwischen gibt's auch erste Kamerafrauen. Einem konnte ich bereits im letzten Band:

„Ich bin im Bild" ein kleines Denkmal setzen: Herbert Schuler, ORF-interner Spitzname „Da Scharfe"; wobei nie ganz klar wurde, ob diese Bezeichnung von seiner spitzen Zunge oder von der Schärfe seiner Bilder herrührte.

EHRLICHE HACK'N

„Da Scharfe" steht in der Säulenhalle des Parlaments herum, bei der „8er Säule", wie er mir erzählt, und wartet auf den Redakteur. Da kommt Sixtus Lanner, einstiger ÖVP-Generalsekretär vorbei.
„Heute arbeiten Sie aber nicht viel, Herr Schuler." Sch., nicht auf die Papp'n g'fallen: „Sie ham a no net vü tan. Heben S' amal die Kamera." Sixtus Lanner stöhnt dabei: „Die ist aber schwer!" Schulers grimmige Replik: „Seg'n S', Herr Doktor Lanner, des is die erste ehrliche Hack'n, seit i Sie kenn."

KARRIERE

Das mit der „ehrlichen Hack'n" war überhaupt einer der Lieblingsaussprüche des „Scharfen".
Als Fred Sinowatz zurücktrat, um Franz Vranitzky Platz zu machen, begleitete ihn Herbert Schuler auf seinem letzten Weg zu Bundespräsident Waldheim. Mit von der Partie war Gerhard Zeiler, damals Pressesekretär des fülligen Burgenländers – oder wie es Herbert Schuler direkter ausdrückte: „Presseschakl beim G'füten."
Auf dem Rückweg von der Hofburg machte Schuler dem jungen Zeiler ein tolles Angebot: „Da Alte geht jetzt eh. Kumm' zu mir als Assistent, hast a ehrliche Hack'n."

KRAGENWEITE

Wenn ein Politiker nicht so vorteilhaft aussieht, wie er sich selbst gern sehen möchte, dann sind sie schuld: die Fotografen und Kameraleute. So auch geschehen bei „Vranz" Vranitzky.

Vor einer Ministerratssitzung galt es noch schnell eine aktuelle Stellungnahme des Kanzlers einzuholen; der stand gerade vor einem Fenster, voll im Gegenlicht.
Am nächsten Tag beschwerte sich Kanzler-Sekretär Karl Krammer bei Herbert Sch.: „Da Chef hat si aufg'regt, weil er so blad ausg'sehn hat." Als Schuler sehr direkt die Ehre der Zunft verteidigt – den genauen Wortlaut will ich Ihnen ersparen –, tritt plötzlich der Kanzler dazu. Schuler im Originalton: „Sie haben an schlechten Hemdenschneider. Der macht Ihna die Hemden um zwa Nummern z'klan. Natürlich schaut dann der Kopf aus wie a aufgangenes Germknödl."

PS: Nur wer Herbert Schuler jahrelang erlebt hat, glaubt mir diese Direktheit.

DER ALTE

Eigentlich waren sie beide zwei „Alte" im Geschäft: Bruno Kreisky und Herbert Schuler. Kreisky, dem gelegentlich eine altväterliche Sprache eigen war, fragte einmal: „Wie heißt dieser alte Operateur? Seit zwanzig Jahren kenn ich ihn schon."
Bei Aufnahmen im Allerheiligsten, dem Kanzlerzimmer, nahm Sch. gröbere Umgruppierungen vor, was den heftigen Protest von Margit Schmidt, der Kreisky-Vertrauten, auslöste. Schuler konterte: „Da Alte macht eh', was i wü!" In dem Moment schaut Kreisky bei der Tür herein: „Ja, ja, der Alte macht schon, was Sie wollen."

DIE JOURNAILLE

Jedes Land hat die Medien, die es verdient. Das ist im Falle Österreichs eine echte Drohung. Dabei ist diese Feststellung nicht neueren Datums, kann also nicht mit Lifestyle-Blättern

der jüngsten Generation zusammenhängen. Schon der legendäre kommunistische Vordenker der Jahre nach 1945, Ernst Fischer, meinte dazu: „In Österreich hat sich eine Falottenbourgeoisie entwickelt. Und eine F. zieht eine Falottenjournalistik nach sich.“
Bei der Lektüre von Tageszeitungen und Magazinen erfährt der Leser gelegentlich auch, was bekannte Menschen über noch bekanntere Menschen denken. Besonders „freundlich“ geht man miteinander in der Politik, in der Kultur und der Medienbranche um.

VERTRAULICH

In der Frühzeit der Republik war natürlich das Verhältnis zwischen Politik und Medien viel distanzierter. Die Medien waren weit davon entfernt, die „vierte Gewalt“ im Staate zu sein. Umgekehrt wußten aber die Politiker, wenn sie sich einmal mit einem Journalisten einließen, weit mehr Substantielles zu erzählen als ihre heutigen Nachfahren.

Zu den Geheimnisträgern erster Ordnung zählte der legendäre sozialistische Innenminister Oskar Helmer. Er erzählte den Nachwuchsreportern, etwa Othmar Urban, die tollsten G'schichten. Doch vor dem Weggehen folgte stets derselbe Satz: „Aber wans das schreibst, laß i di einsperren."

DER VERLIERER

Vor der Bundespräsidentenwahl 1957 meinte Julius Raab zu Fritz Molden, die parteiunabhängigen Zeitungen hätten seit zehn Jahren einen Unabhängigen als Bundespräsident gefordert – nun offeriere er im Mediziner Professor Wolfgang Denk einen solchen Mann, und die unabhängige Presse möge dafür sorgen, daß er die Wahl gewinne.
(Die wahren Motive Raabs waren natürlich andere. Die ÖVP wollte ihn kandidieren und seine ungeheure Popularität nützen, er zog aber den Ballhausplatz der Hofburg vor. Daher kam er auf diese Notlösung.)
Als Molden erklärte, mit dieser Forderung sei eine politisch erfahrene Persönlichkeit gemeint gewesen, keinesfalls ein Wissenschaftler, der nie mit der Politik zu tun gehabt hätte, reagierte Raab gereizt. Gegen den alten Politfuchs Adolf Schärf hatte Denk auch wenig Chancen.
In der Wahlnacht, als die Niederlage Denks bereits feststand, tauchte Raab in der ÖVP-Zentrale auf. Zufällig war Molden der erste Journalist, der ihm in den Weg kam. Da explodierte der sonst so schweigsame Kanzler: „Sie trauen sich noch herkommen? Wegen Ihnen haben wir die Wahl verloren!"

ANSPRUCHSVOLL

Festmatinee zum 125-Jahr-Jubiläum der „Presse" im Theater in der Josefstadt. Bruno Kreisky, nie um eine Pointe verlegen, wenn es galt, den bürgerlichen Journalisten das sprichwörtliche Goderl zu kratzen, erklärt den Nutzen des damaligen Großformates: „Ich besorg' mir in der Trafik immer alle Zeitungen, die AZ" – die es damals noch gab –, „den ‚Kurier', auch die ‚Krone'. Ich lege sie alle in die ‚Presse' hinein, und wenn ich dann geh', sieht man nur die ‚Presse'. Worauf sich jeder sagt: Ein anspruchsvoller Mensch geht da von dannen."

PS: Das Gelächter war nicht enden wollend.
Jahre später, die Zeitungslandschaft war durch ein neues Produkt nicht besser geworden, benützte Kreisky dieses Bonmot, um die neue Leserschaft zu charakterisieren: „Viele Leser kaufen ja nur die (großformatige) ‚Presse', damit sie darin unbemerkt die ‚Ganze Woche' nach Hause tragen können."

ENTHAUPTUNG

Der letzte Chefredakteur der „Presse", Dr. Michael Maier, legte kurz nach seinem Abgang nach Berlin noch eine mittelgroße Bombe. In eine große Abrechnung mit der Donaumetropole und ihren Bürgern verpackte er auch den Vorwurf, der Führer einer großen Partei habe unverhohlen mit einem Überdenken – heißt Reduzieren – der staatlichen Presseförderung gedroht. Auch wenn Wolfgang Schüssel dementierte, den Patzer kriegt er nicht mehr los.
Da hielt es Maiers Vor-Vorgänger Dr. Otto Schulmeister anders. Wenn er mit dem damaligen Haupt-Geldgeber, der Wirtschaftskammer, zu tun hatte, tat er dies öffentlich.
So traf er sich mit dem Sallinger-Vertrauten Erhard Busek im Café Imperial und eröffnete das Gespräch mit folgender Suada, aber so lautstark, daß es das ganze Lokal hören konnte: „Was kann ich diesmal für Sie tun? Was darf ich anbieten? Die ganze Innenpolitik enthaupten oder drei Kulturredakteure entlassen?"
Das Überleben der alten Tante „Presse" war wieder einmal gesichert.

DER RATSCHLAG

1966 errang die Volkspartei erstmals in der Geschichte der Zweiten Republik die absolute Mehrheit, auch zur Überraschung vieler ÖVPler. Es war auch eine der ersten großen Wahlübertragungen des ORF in der Ära vor Gerd Bacher. In der Kärntnerstraße, dem prächtigen Hauptquartier der „Schwarzen“, herrschte eher Ergriffenheit als frenetischer Jubel. Da öffnet sich mit leichtem Quietschen die große Tür zum Festsaal. Alle Augen wenden sich dem Geräusch zu. Dr. Otto Schulmeister, Chefredakteur der „Presse“, schaut in die Runde: „Na, was macht's jetzt, meine Herren? Jetzt müßt's regieren!“

GELSEN

Fred Sinowatz wird u.a. mit dem Hainburg-Debakel in die Geschichte eingehen. Sein Zorn richtete sich auch lange gegen die „Krone“ als Trägerin der Anti-Hainburg-Kampagne. Als deren Innenpolitiker Dieter Kindermann einmal Fred S. über den Weg lief, stellte er ihn wegen Hainburg zur Rede: „Kennen S' überhaupt die Hainburger Au? Von wegen Naturschutz, Nationalpark und so. Da gibt's ja nur lauter Gelsen.“

GENTLEMAN

Was redet man schon mit einem Politiker die letzten Minuten vor einer Live-Sendung? In der ersten „Pressestunde“ mit Bundeskanzler Dr. Vranitzky nach dessen Wahlsieg 1995 – er war dementsprechend gut gelaunt – ging es um die Kleidung. Gastgeber Dr. Ziesel verwies darauf, daß die Herren lange Strümpfe tragen sollten, sonst würde man die im Winter weißen, behaarten Beine sehen. Der „Vranz“ zog das Hosenbein hoch: er hatte Strümpfe an. Ziesels Kommentar: „Wie ein Gentleman.“ Der Kanzler schnippisch: „Das ‚wie‘ können Sie weglassen, Herr Doktor.“

HAFTURLAUB

Klaus Edlinger von der „Zeit im Bild“ hatte einen sogenannten Schlüsselroman geschrieben, über die eigene Zunft. Darin taucht auch ein Typ eines sehr kaltschnäuzigen Journalisten auf, der sich sehr feindselig gegenüber Behinderten gibt. Helene Partik-Pablé, die freiheitliche Nationalrätin, selbst Mutter eines behinderten Kindes, klagte darauf Edlinger, was wiederum Schlagzeilen machte.
Als Tage später Bundeskanzler Vranitzky sein alljährliches Kanzlerfest im Park des Schlosses Altmannsdorf gibt, läuft ihm Edlinger über den Weg. „Hat man Sie schon entlassen aus der Haft?“ versucht er zu ironisieren. Darauf Edlinger: „Für's Kanzlerfest gibt's immer Hafturlaub.“

POLITIK & LITERATUR

Neuerdings suchen manche Politiker sogar die Nähe von Literaten; zumindest wenn man dadurch auf ein Foto kommt. Das war, wie wir gleich lesen werden, in der österreichischen Nachkriegspolitik nicht immer so. Konnte man das in der Phase des Wiederaufbaues noch verstehen, daß diesen Männern wenig Zeit fürs Lesen blieb, scheint die jetzige Politikergeneration die nötige Entspannung lieber bei Golf, Tennis oder Fußball als bei einem Buch zu finden.

KARL MAY

Eigentlich sollte es ein Pluspunkt für die Popularität von Niederösterreichs Nr. 1, Landeshauptmann Dr. Erwin Pröll, werden; doch der Gag ging nach hinten los. Gefragt, welche Bücher und Autoren er besonders gern lese, meinte der LH keck: „Ich habe nur ein einziges Buch bis zum Ende gelesen: den ‚Schatz im Silbersee' von Karl May." Da waren viele perplex. Ein Parteifreund des Bloßgestellten sprang ihm bei: „Der Hindenburg hat sogar behauptet, nie ein Buch gelesen zu haben. Und ist zweimal Reichspräsident geworden."

DER RÜCKTRITTSGRUND

ÖVP-Führer hatten schon vor Erwin Pröll Probleme mit Büchern. 1952 schrieb der erste Außenminister der Zweiten Republik, Karl Gruber, ein vielbeachtetes Buch, in dem er die Behauptung aufstellte, Leopold Figl habe mit dem KPÖ-Vordenker Fritz Fischer „gepackelt", um die SPÖ bei politischen Verhandlungen gefügig zu machen. Diese Behauptung ging unter dem Begriff: „Figl-Fischerei" in die innenpolitische Geschichte ein und löste eine veritable Koalitionskrise aus.
Zwischen ÖVP-Obmann Julius Raab und Gruber entspann sich damals folgender Disput: „Hurch zua! Über Büacha reg i mi net auf. Über ans, des du g'schrieben hast, scho' gar net. Aber wan's jetzt an Wirbel gibt, muaßt geh'n!"
Gruber trat bald danach als Außenminister zurück.

DIE WANZ'N

Julius Raab hatte wenig Zugang zu Künstlern und Intellektuellen. Er bezeichnete sie abschätzig als „Pflausler" und „Schwätzer", die „Baberlzeug" produzierten. In der Ära Raab wurde es geradezu selbstverständlich, daß der Geist links steht, Künstler daher nur Wahlaufrufe der SPÖ unterzeichneten (bis 1995 hat sich da wenig geändert). Ähnlich kri-

tisch stand Raab auch den Journalisten gegenüber, die er für käufliche Subjekte hielt. Für ihn war die Welt einfach zu ordnen – und so halten es auch heute noch viele ÖVPler. Er teilte die Menschen in zwei Gruppen: die „Roten“, das war der politische Gegner, und die Bürgerlichen, damit meinte er die „Schwarzen“. Das Ärgste für ihn waren jene Bürgerlichen, die sich nicht als „Schwarze“ einverleiben lassen wollten: das damals kleine Häuflein der Nullgruppler und Liberalen.

Auf der Jagd nach diesen versprengten Überläufern stieß Raab auf den jungen Herausgeber der „Presse“, Fritz P. Molden.
Der Kanzler hörte sich dessen Credo aufmerksam an, die ÖVP müsse sich durch parteiunabhängige Kandidaten stärker für Liberale und Nationale öffnen. Denn, so Molden, ehemalige Nazis würden im Zweifel ohnedies lieber rot als schwarz wählen, denn mit den „Roten“ waren sie in den dreißiger Jahren gemeinsam in Haft gesessen.
Als man wieder einmal ohne geistige Annäherung auseinanderging, meinte Raab unversöhnlich: „Wissen S’, Herr Doktor“ – er sagte zu allen Menschen, die er nicht einordnen konnte, Herr Doktor – „Se san a Liberaler. Eana zerdruck’ ma wia a Wanz’n.“

DER ANTI-MARX

Nationalratspräsident Alfred Maleta verstand sich mehr als Philosoph denn als Tagespolitiker. Daher litt er auch sehr darunter, daß es ihm nicht vergönnt war, ein großes, zeitloses Epos zu schaffen.
Nur kurz einmal hatte ein Kollege von mir die Chance, einen Zipfel des Geheimnisses zu lüften. Josef Nowak, jetzt Chefredakteur der APA, der „Austria Presse Agentur“, bekam eine Sonderaudienz.
„Jetzt werde ich Ihnen zeigen“, sagte Maleta in dem schon beschriebenen, leicht nasalen Ton, „womit ich mich wirklich befasse.“ Er drückte auf einen geheimnisvollen Knopf, und schon erschien unterwürfig eine Gestalt.

„Amtsdiener, bringen Sie das Kofferl!" Atemlose Spannung, die Tür öffnet sich wieder, und der Amtsdiener bringt das Kofferl. Maleta öffnet es vorsichtig – eine Unzahl von Manuskriptseiten kommt zum Vorschein. „Das ist es", sagt er bedeutungsvoll. „Das wird der Anti-Marx! Und im letzten Kapitel rechne ich mit Spengler" („Untergang des Abendlandes") „ab!"
Damit war die Audienz beendet. Und bis heute wartet Österreich auf den Anti-Marx, denn Alfred Maleta starb vorher.

SCHINKEN

Sie sind beide auf dem Bild gemeinsam zu sehen, auf dem tausendfach vervielfältigten Gemälde von der Unterzeichnung des Staatsvertrages im Kuppelsaal des Oberen Belvedere: Julius Raab und Bruno Kreisky. Im Mai 1980, fünfundzwanzig Jahre nach Unterzeichnung des Staatsvertrages, wird der Kanzler von einem ORF-Reporter vor dem Monumentalgemälde des Staatsvertragsmalers Professor Robert

Fuchs interviewt, er zeigt auf einen kleinen Punkt unter hunderten: „Da bin i auf dem Schinken zu sehen!"
Zwei Tage später langt auf dem Ballhausplatz ein bitterböser Brief besagten Staatskünstlers ein, er sei tief bestürzt, daß der Kanzler sein Lebenswerk mit der Bezeichnung „Schinken" so abgewertet habe.
Guter Rat war teuer. Kreisky schickte seinen für Kulturagenden zuständigen Sekretär Wolfgang Mayer-König in die Nationalbibliothek los; er solle etwas Entlastendes für den Lapsus linguae finden. Nach tagelangem Suchen hat M. K. endlich das Richtige gefunden: „Herr Bundeskanzler, in Meyers Konversationslexikon aus dem Jahr 1884 steht: ‚Schinken, auch für Kolossalgemälde.'"
Kreisky diktiert schmunzelnd folgende Antwort: „Sehr geehrter Herr Professor, ich bin einigermaßen über Ihren Brief erstaunt. Nichts lag mir ferner, als Sie herabzusetzen. Sie beschweren sich über den von mir verwendeten Begriff ‚Schinken'. In Meyers Konversationslexikon ... ist klar definiert, daß man darunter ein Kolossalgemälde versteht."
Nach einigen Tagen kam die Antwort eines völlig geknickten Professors: „Sehr geehrter Herr Bundeskanzler! Sie beschämen mich in meiner Unbildung ... In tiefer Verehrung, Ihr ..."

DUELL DER GENERÄLE

Armeekommandant Spannocchi schrieb ein Buch („Verteidigung ohne Schlacht“), wie wir uns am günstigsten verteidigen könnten. „Lü“, in einem Fernsehinterview dazu befragt: „Das haben schon viel größere Feldherren der Geschichte getan als der Armeekommandant des kleinen Bundesheeres.“ Worauf Hans Rauscher im „Kurier“ schrieb: „Lütgendorf hat unseres Wissens noch kein Buch geschrieben, und man hat oft den Eindruck, er würde auch keines lesen, außer vielleicht das Jahrbuch des Vereines ‚Hatzhund und Saufeder‘.“

VERSPRECHER

„Freud, schau oba.“ Wahrscheinlich müßte man (fast) allen Versprechern, egal ob Politik, Wirtschaft oder Kultur – dort besonders – diese Einleitung voranstellen. Bei einigen Schnurren drängt sich aber der Hinweis auf den berühmten Seelenarzt geradezu auf.

ERINNERUNGEN

Im Empfangssalon des Hohen Hauses am Wiener Ring werden höchst selten Bücher vorgestellt, und wenn, dann müssen die Autoren von höchstem politischen Rang sein. So präsentierte Alt-Bundespräsident Kurt Waldheim im Juni '96 *seine* Abrechnung mit der „Kämpein". Als kurz darauf zum Zehnjahrjubiläum des Kanzlers V. ein Buch meiner Kollegen vom „Standard", Elisabeth Krawagna-Pfeifer und Conrad Seidl, präsentiert wurde, schlug wieder einmal unbarmherzig der selige Freud zu. Heinz Fischer bedankte sich, „daß das Buch über die Kreisky-Jahre heute im Parlament vorgestellt werde". Vranitzky revanchierte sich auf subtile Art: „Danke, Herr Präsident Benya!" kam's zurück.

VERBALLHORNUNG

Ein Meister im bewußten Verwirrspiel mit Namen war Bruno Kreisky. So nannte er etwa den ihm von den Gewerkschaften aufgezwungenen Sozialminister Weißenberg bei einer Pressekonferenz einmal Weißengruber, dann wieder Weissenberger. Um ihn schließlich mit folgender Formulierung bloßzustellen: „Herr Minister, sagen S' den Journalisten selber, wie S' haaßen." Ähnlich ging er mit dem von ihm nicht sehr geschätzten Sekretär der Volkshilfe, Weißbier, um, den er meist Schwarzbier nannte.
Fred Sinowatz war auch dabei ein gelehriger Schüler – vielleicht etwas derber. Den ungeliebten Jungsozialisten Gusenbauer verballhornte er schlicht zum „Gruselbauer".

ABSCHIED

Über das (Nicht-)Verhältnis der beiden Zeitungszaren und einstigen Partner Hans Dichand und Kurt Falk ist bereits genügend geschrieben worden. Der Name Falk scheint aber Hans Dichand auch Jahre nach der für ihn erfolgreichen Trennung noch immer im Magen zu liegen. Als sich Hans

Mahr, langjähriger Geschäftsführer der „Kronen-Zeitung“, nach Köln zum Fernsehsender RTL abmeldete, verabschiedete ihn Hans Dichand mit folgenden Worten: „Wir sind sehr unglücklich darüber, daß Herr Falk von uns geht.“
Erst nach dem homerischen Gelächter der Runde korrigierte Dichand von Falk auf Mahr.

SIGNALTON

Erhard Busek sang sie, fast alle Sozialisten singen sie (manche Jusos allerdings vom Blatt): die Internationale.
Mancher Alt-Juso scheint den Text so verinnerlicht zu haben, daß er auch in anderen Situationen durchschlägt.
So schrieb der langjährige Weggefährte von Parlamentspräsident Heinz Fischer, Bruno Aigner, über den Wahlausgang in Salzburg 1992: „Die SPÖ hat in Salzburg ein einmaliges Wahldebakel erlitten, jeder ist mit Blindheit geschlagen, der die Signale nicht hört.“

GEHEGE

Wolfgang Schüssel, als Wirtschaftsminister unter anderem auch für den Tiergarten Schönbrunn zuständig, wollte sich als besonderer Tierfreund zeigen. Bei einer Pressekonferenz im Tiroler Hof hörte sich das dann aber so an: „Wir werden neue Gehege bauen, weil wir wollen die Elefanten besser umbringen!“

LIEBLINGSAUTO

Es kann in der Hektik des Tages schon passieren – vor allem wenn man jeden Tag dutzende Termine hat –, daß man einen Anlaß mit dem anderen verwechselt, den falschen Redetext aus der Tasche zieht oder einem sonst ein Malheur passiert. Helmut Zilk ist dafür ein spezielles Medium. Die Leser von „Ich bin im Bild“ haben sicher die köstliche Schnurre in Erin-

nerung, wie Helmut Z. in Peking den Bürgermeister von Tokio begrüßt. („Honzo" Holecek trägt diese Anekdote so köstlich vor, daß den Zuhörern die Tränen kommen.)

Nicht nur in Peking kann so etwas passieren, auch in Wien-Erdberg ist es Zilk gelungen. Es galt die neue Niederlassung von BMW zu eröffnen. Aus München war dazu Haug von Kuenheim, der oberste BMW-Boß, angereist, als Helmut Zilk mit großem Schwung anhob: „Ich freue mich besonders, daß ich endlich auch in Wien eine Werkstätte meines Lieblingsautos, des Porsche, eröffnen kann." Betretenes Schweigen. Zilk merkt den Irrtum nicht und lobt weiter Porsche. Erst Bundeskanzler Vranitzky kann die Feier retten, indem er in jedem Satz BMW betont.
Nach den Reden spricht ARBÖ-Präsident Hans Hobl den Konkurrenten, Porsche-Generaldirektor Hans Himmer, an: „No, was ham S' dafür zahlt?" Der süffisant: „War net teuer. Bloß a paar Vierterln."

VORHUT

Als Zugpferd für den Wahlkampf 1983 lud sich die Steger-FPÖ den deutschen Paradeliberalen Hans-Dietrich Genscher ein.
Er sollte als Glanzpunkt des Wahlkampfes einen Vortrag zum Thema „Die Vorreiterrolle der Liberalen in Europa" halten. Genscher bewältigte die Aufgabe mit der ihm eigenen Dynamik großartig, bis er plötzlich ins Trudeln geriet: „Wir Liberalen sind die Vorhaut, ah, die Vorhut Europas."
Als erstes sollen die Damen gelacht haben.

MEISTER DES LENKRADES

In einem Buch dieser Art darf ein Kapitel über sie nicht fehlen, wiewohl es schwer war, ihnen wirklich Intimes zu entlocken – dazu sind sie zu loyal. Dabei verbringen ihre Chefs mit ihnen mehr Stunden als mit der Ehefrau. Gerd Bacher, in diesem Bereich ähnlich erfolgreich wie mit seinen Comebacks im ORF, sagte einmal über seinen „Dauerbegleiter" Rudolf Felzmann: „Ohne ihn hätte ich mir meine Scheidungen nicht leisten können." Wer jetzt Frivoles erwartet, möge gleich weiterblättern; für ein paar deftige Pointen hat's aber gereicht.

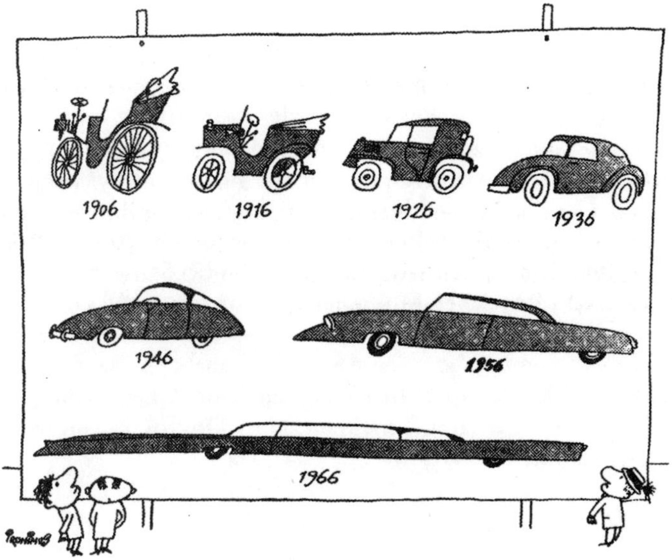

DESWEGEN

Gerd Bachers Temperament spornte seine Chauffeure stets zu Höchstleistungen an. Am liebsten hätte der ORF-Boß eine Einrichtung besessen, die bisher der Traumwelt des TV-Dauerbrenners „Raumschiff Enterprise" vorbehalten blieb: ein hinderliches, weil langsameres Fahrzeug einfach „wegzubeamen".

Auf einer Fahrt vom Kitzbühler Hahnenkamm-Rennen nach Salzburg setzte plötzlich gefrierender Schneeregen ein. Bachers „bessere Hälfte" im Mercedes, Rudi Felzmann, reduzierte instinktiv das Tempo. Plötzlich eine Schneefontäne; ein Porsche zeigte dem ORF-Chef den Auspuff. Das konnte Gerd B. natürlich nicht auf sich sitzen lassen: „Warum fahr'n ma denn net so schnell wia der?" – „Deswegen", antwortete Felzmann trocken und zeigte auf den Porsche, der sich soeben aus der Kurve in ein umgeackertes Feld verabschiedet hatte.

EHRLICH

Einer der Amtsvorgänger des „Tigers", der sogenannte „Leiter der öffentlichen Verwaltung des Rundfunks" – womit schon alles über den inneren Zustand des damaligen Unternehmens gesagt worden ist – war der Jurist und Beamte Dr. Victor Ceja. Sonst ein Hort höherer Beamtentugenden, etwa einer höflichen, gewählten Ausdrucksweise, nervte er seinen Chauffeur mit penibelsten Anweisungen bei Stadtfahrten. In einem selbstkritischen Moment fragte ihn Ceja: „Was denken Sie sich eigentlich, wenn ich Ihnen so ins Handwerk pfusche?" Der gute Mann, eine wahrlich ehrliche Haut, sonst hätte er wahrscheinlich die Pitzligkeit seines Chefs nicht ausgehalten, meinte darauf trocken: „Herr Doktor, i denk man: Lecken S' mich am Arsch!"

RAUCHERQUAL

Julius Raabs Virginia ging selten aus. Dementsprechend „dick“ war auch die Luft in seiner Regierungslimousine. Als sein Chauffeur Pöchacker einmal vorsichtig das Seitenfenster herunterkurbelte, um etwas Luft zu schnappen, knurrte Raab: „Machen S’ des Fenster zua. Wir san jo kane Eskimo.“

HÖCHSTGESCHWINDIGKEIT

Zwar war man damals mit den Tempolimits noch nicht so streng wie heute, auch gab es noch keine Radarpistole, um sie zu überwachen, trotzdem verordnete Julius Raab seinem Fahrer Tempo Hundert als Obergrenze. Damit gerieten natürlich der Terminkalender und der Reiseplan des Staatsvertragskanzlers ständig ins Wanken. Pöchacker griff daher zu einer List und steckte bei der Ziffer Hundert eine dünne Nadel in den Tachometer. Als die beiden ziemlich flott auf einer Landstraße unterwegs waren, brummte Raab: „Heut fahr’ma aber an schnellen Hunderter!“

DER BERATER

Dieses Kapitel wäre natürlich nur ein Fragment, wenn darin nicht Kreiskys Lenkradfaktotum Fritz Blauensteiner zu Wort käme. Der gute Mann besaß auf den Kanzler und SPÖ-Vorsitzenden mehr Einfluß als zehn Sekretäre zusammen.
Blauensteiner ersparte der SPÖ wahrscheinlich Millionen, wußte er doch über die Stimmung an der vielzitierten „Basis“ besser Bescheid als manch aufwendige Meinungsforschung.

WEGWEISER

Wenn Blauensteiner mit Kreisky irgendwo im Stau steckte, nörgelte der Kanzler stets an der gewählten Fahrtroute herum. Wäre B. doch statt über den Kai durch die Stadt gefahren, dann ... Am nächsten Tag, wenn dann des Kanzlers Gefährt auf der von ihm gewünschten Route im Stau steckte, klagte Kreisky, daß man doch besser über den Kai hätte fahren sollen, Blauensteiner aber nie auf ihn hören würde.
Eines Tages wurde es dem guten Mann zu blöd. Bevor er mit Kreisky losfuhr, sagte er zu seinem Meister: „Damit i net wieder falsch fahr, sagen Sie mir heute den Weg an. Sie wissen ja sonst immer die besten Wege."
Es war der einzige Tag im Autoleben der beiden, wo K. keine Meinung hatte, wie B. am besten fahren sollte.

GENOSSENBEISL

Bei Wahlreisen kamen sie arg ins Schwitzen, die Meister des Lenkrades, denn ihre Herren und Meister warfen ständig den Fahrplan über den Haufen. Dennoch mußte dazwischen auch noch Nahrung eingenommen werden. Bruno K., der gern und gut aß, war nach einer Kundgebung in Kapfenberg in die Werksküche der Böhler-Werke geladen worden. Dort stocherte er eher lustlos in einem Eintopf herum. Die Kanzlerbegleitung versuchte die Tortur mit den Worten abzukürzen, der Herr Bundeskanzler dürfe nicht so viel essen. Kaum hatten sie das Werksgelände verlassen, meinte Kreisky: „Herr Blauensteiner, jetzt fahr'n ma in a ordentliches Wirtshaus, net in so a Genossenbeisl."

ERRUNGENSCHAFT

Es war an einem Freitag, etwa um vierzehn Uhr. Bruno Kreisky bat seine engste Mitarbeiterin Margit Schmidt, ihn mit dem Salzburger Landeshauptmann DDr. Lechner zu verbinden. Es verging einige Zeit, bis Margit Schmidt dem

Kanzler erklären mußte, in der ganzen Landesregierung habe kein Mensch mehr abgehoben.
Kreisky bekam einen seiner gefürchteten Wutanfälle, schimpfte, daß dieses Land mit so einer Arbeitsmoral zugrunde gehen werde und ... In diesem Moment schaute Franz Blauensteiner bei der Tür herein: „Segn S', Herr Bundeskanzler, dafür ham mir Sozis vierzig Jahre gekämpft, daß am Freitag z'Mittag Schluß is."

DER VERLUST

Auch Pannen gibt's natürlich in diesem Doppel Politiker und Chauffeur. Othmar Urban, rasender Reporter in der Frühzeit des ORF und späterer Wiener Intendant, hat mir von einer berichtet. Innenminister „Peppo" Afritsch fuhr nach einer Feier nächtens von St. Pölten heim nach Wien. Plötzlich überkam ihn ein menschliches Rühren: „Bleib stehn, i muaß pischen", war das Kommando an den Fahrer. Nach einer Weile hörte der gute Mann die Tür ins Schloß fallen, worauf er die Fahrt fortsetzte. Bei Böheimkirchen schien es ihm doch zu still im Fahrzeug. Er drehte sich um: kein Afritsch. Des Rätsels Lösung: Ein Windstoß hatte die Tür zugeschlagen. Die Reaktion des Ministers ist nicht überliefert.

Skurriles und Humorvolles

von Politikern und Künstlern, Journalisten und Managern

Gerhard Vogl
Ich bin im Bild
Darsteller und Selbstdarsteller in Anekdoten und Karikaturen
240 Seiten
ISBN 3-218-00598-1

In diesem heiteren Buch paradieren Politiker, Journalisten, Künstler, Intendanten und Manager, ihre Eitelkeiten und Sonderbarkeiten im Rampenlicht. Das Scheinwerferlicht hat sein Gutes: Es beleuchtet manches etwas schärfer, das sonst im Zwielicht verkümmern würde.

Erhältlich in jeder Buchhandlung!